Gabriel Palacios
Du bist mehr als nur gut genug

GABRIEL PALACIOS

DU BIST MEHR ALS NUR GUT GENUG

Wie du deinen wahren Wert erkennst

CAMEO

Es liegt in der Natur der Sache, dass die in dieser Lektüre enthaltenen Lösungsansätze, Hinweise und Anleitungen keine konventionelle Grundtherapie (insbesondere schulmedizinische und psychotherapeutische Behandlungen) ersetzen, sondern als Ergänzung zu verstehen sind. Die Haftung und Verantwortung in Hinblick auf die Ausführung und Anwendung der hier vorgestellten Anleitungen liegen folglich auch bei Leserin und Leser selbst.

MIX
Papier aus verantwortungsvollen Quellen
FSC® C014496
FSC www.fsc.org

1. Auflage 2022

Der Cameo Verlag wird vom Bundesamt für Kultur für die Jahre 2021-2024 unterstützt.

Lektorat: Susanne Schulten, Duisburg
Illustrationen: Gabriel Palacios, Bern
Umschlaggestaltung, Layout und Satz: Cameo Verlag GmbH, Bern
Druck und Bindung: GGP Media GmbH, Pößneck
ISBN: 978-3-03951-002-3
Printed in Germany

Inhaltsverzeichnis

Bevor wir beginnen

Herzlichen Glückwunsch zu deiner Entscheidung!

Allein schon nur die Einsicht, dass du mit deinen eigenen Gedanken und deinen Gefühlen das, was du ausstrahlst, wirst ändern können, ist eine große Erkenntnis!

Doch bevor wir beginnen, möchte ich dich gern zu einer kleinen Situationsanalyse einladen.

Beantworte doch einmal die folgende Frage, noch bevor du mit dem Lesen des Buches beginnst.

Wie wertvoll fühlst du dich jetzt, bevor du mit dem Lesen des Buches beginnst?									
1	2	3	4	5	6	7	8	9	10
Nicht wertvoll									*Sehr wertvoll!*

Diese Frage werde ich dir noch einmal stellen – jedoch erst am Ende deiner Lektüre.

Lies dieses Buch bitte sehr achtsam durch. Ich habe die hier dargelegten Erkenntnisse sehr dicht gehalten. In manchen Kapiteln wirst du in nur wenigen Sätzen sehr viele Einsichten finden. Deshalb erlaube dir unbedingt, das Buch in wirklich langsamem Tempo zu lesen. Du bist mehr als gut genug, auch wenn du dieser Lektüre mehr Zeit widmest als anderen Büchern.

Auch ich mag es, hin und wieder langsam zu lesen. Lass dir also die Worte dieses Buches sozusagen auf der Zunge zergehen. Und reflektiere immer wieder zwischen den Zeilen das soeben Gelesene.

Ja, das Buch wird dich vielleicht auch hier und da ein wenig zum Nachdenken anregen. Und genau diese geistigen Prozesse sind von großer Wichtigkeit!

Ich freue mich auf diese Reise mit dir.
Für die nächsten Seiten bin ich nun dein Weggefährte.
Schön, dass du da bist!

Von Herzen,

Gabriel Palacios

Der Wert

Wer sich persönlich als nicht besonders wertvoll einstuft, kommt in Versuchung, andere Menschen über sich selbst zu stellen. Doch kein Mensch ist wertvoller als ein anderer. Die Idee des Wertes an sich ist ohnehin ein Konzept, das von Subjektivität geprägt ist.

Denn was ist eigentlich ein Wert? Nicht nur, was schön, sondern auch, was wertvoll ist, liegt bekanntlich im Auge des Betrachters. Dies beobachten wir beispielsweise im Bereich der Kunst: Dasselbe Gemälde, das eben noch verhältnismäßig wertlos schien, ist nun, nach dem Ableben des Künstlers, auf einmal immens wertvoll. Wenn also die Nachfrage größer wird als das Angebot, scheint sich der Wert des Angebots zu erhöhen.

Nur: Wir reden hier von Materialien, von Kunstwerken, ganz allgemein von Gegenständen.

Doch der Mensch ist kein Gegenstand. Der Mensch, mit all seinen Facetten, kann sich nicht vervielfältigen. Der Mensch ist per se wertvoll, denn es gibt ihn nur ein einziges Mal.

Dennoch tendieren wir dazu, unseren Wert über die Meinung anderer zu bestimmen: die Reputation. Und sobald der Mensch keine Anerkennung mehr von außen erhält, neigt er dazu, sofort seinen eigenen Wert zu hinterfragen.

Doch würden wir das im Umkehrschluss auch tun, wenn wir ein Kunstwerk aus eigener Überzeugung gekauft hätten? Würden wir den Gefallen, den wir an diesem Kunstwerk finden, automatisch reduzieren, bloß weil es anderen Menschen nicht gefällt? Das wäre ja realitätsfern.

Und ebenso abstrakt ist es, den eigenen Wert in Frage zu stellen, bloß weil gewisse Menschen einem nicht die ersehnte Anerkennung geben.

Du bist nicht nur gut genug. Nein, du bist mehr als nur gut genug!
Du bist ein Kunstwerk, das nur einmal in diesem Universum existiert!
Schön, dass es dich gibt!

Ungenügend

Wir werden schon von klein auf darin konditioniert, Ansprüchen von außen zu genügen.

Das beginnt im Grunde schon in dem Moment, in dem Eltern die Fähigkeiten ihrer Kinder direkt vor den Ohren der Kinder vergleichen: «Kann dein Kind noch nicht mit Messer und Gabel essen?» – «Nein, meines verschmiert sich noch total den Mund.»

Dass solche Worte bei diesem Kind das Gefühl «Ich muss besser werden, denn es genügt noch nicht, so wie es derzeit ist!» auslösen mag, brauche ich wohl nicht weiter zu erklären.

Tatsächlich beginnt aber der unbewusste Vergleich sogar schon, bevor wir überhaupt eine Sprache erlernen; bloß können wir das – glücklicherweise – zu diesem frühen Zeitpunkt zumeist noch nicht rational verstehen und damit ganz erfassen: «Die Nase hat er eindeutig von Papa!» – «Was? Nein, nein. So eine fürchterlich krumme Nase bekommt der nicht.» Oder: «Dieses hochnäsige Verhalten hat er genau von seiner Mutter!» – «Das stimmt nicht! Das ist keine Hochnäsigkeit, sondern die Sturheit des Vaters.»

Auch wenn unser Unterbewusstsein vielleicht nicht jedes Wort entschlüsseln kann, so empfindet es zumindest doch die Energie der Worte. Denn Worte haben eine Kraft. Nicht bloß der Inhalt eines Wortes spielt eine Rolle, sondern auch die Betonung, die Ausdrucksweise, die Art und Weise, wie man sich über eine Eigenschaft des Kindes entsetzt, empört oder gar lustig macht.

Diese Energie nimmt das Kind – vielleicht nicht bewusst, aber dann bestimmt unbewusst – wahr, insbesondere deshalb, weil die einzigen Bezugspersonen des Kindes zunächst die Eltern sind.

Viele Eltern mögen sich nun vielleicht Gedanken darüber machen, über ihre eigene Erziehung reflektieren und auf sich selbst besinnen, weil sie genau wie soeben beschrieben auch ihre Kinder bestimmt immer wieder mit anderen Kindern verglichen haben.

An dieser Stelle sei gesagt: Jede Mutter, jeder Vater prägt das eigene Kind – im positiven Sinne wie leider auch im negativen, im hemmenden Sinne. Und es ist davon auszugehen, dass die positiven Prägungen die hemmenden Prägungen überwiegen und damit wieder ausgleichen.

Auch kann es für das Kind hier und da ein positiver Lernprozess sein, dass es, auch wenn ihm «vorgeworfen» wird, es habe die gleiche Nase wie der Vater, im Anschluss an diese Aussage von der Mama fest in den Arm genommen wird. Auf diese Weise wird dem Kind gezeigt: *Ich liebe dich genauso wie du bist.* Eine schöne Basis für eine Persönlichkeit.

Doch wie wäre es, wenn man dem Kind in genau dieser Situation, wenn es in den Arm genommen wird, nicht bloß sagen würde: «Ich liebe dich, so wie du bist.»? Sondern: «Genau *deshalb* liebe ich dich so sehr!»

Denn allein die Aussage «Ich liebe dich, so wie du bist!» beinhaltet eine Form der Akzeptanz, im Sinne von: «Ich akzeptiere dich, auch wenn du eine krumme Nase hast.» Doch die Frage der Akzeptanz sollte beim eigenen Kind gar nicht erst aufkommen. Und wenn man selbst ein Problem in dieser Hinsicht hat, so ist dies das eigene Problem als Vater oder Mutter, nicht aber das Thema des Kindes.

Die Aussage «Genau *deshalb* liebe dich mitunter so stark!» suggeriert dem Unterbewusstsein des Kindes, dass es eben nicht nur akzeptiert wird – im Sinne von geduldet –, also trotz der krummen Nase. Sondern dass es eben mehr als nur genug ist: Es ist unübertroffen!

Es versteht sich von selbst, dass an dieser Stelle die «krumme Nase» stellvertretend steht für beliebige Eigenschaften des Kindes, die vor seinen Augen und Ohren beurteilt werden.

Wenn dem Kind diese wertvolle Basis gegeben wird, so hat es ein Fundament, das ihm Sicherheit gibt. Denn die Bewertungen werden nicht mehr aufhören: In der Schule werden die Fähigkeiten des Kindes erneut mit denen anderer verglichen – und werden nun gnadenlos in diversen Noten widergespiegelt. Und wer kein «Genügend» erreicht, bekommt bald ernsthafte Probleme, muss vielleicht die Klasse wiederholen oder wird als Sonderschüler mit einer besonders ausgeprägten Lernschwäche abgestempelt.

Das Absurde an dieser Situation ist nicht nur, dass das Kind nun täglich mit dem Glaubenssatz «Ich muss genügen!» indoktriniert wird, sondern auch, dass diese Prozedur auch außerhalb der Schule fortgesetzt wird – auf dem Pausenhof und auf jedem Schulweg.

Das Kind wird nicht nur während den Unterrichtszeiten in Hinblick auf sein Wissen stets geprüft und mit den anderen verglichen, sondern auch jenseits des Unterrichts von den Mitschülerinnen und Mitschülern. Es gibt dabei einen ganz klaren Codex bezüglich dessen, was man tun muss, um dazuzugehören. Manchmal allerdings hilft alles nichts: Man kann einfach nicht dazugehören, weil man nicht das Aussehen hat, das angesagt ist.

Jedoch tun Kinder sehr viel dafür, auf irgendeine Weise dazuzugehören. Selbst gefährliche Mutproben werden in

Kauf genommen; manchmal müssen Kinder einen hohen Preis bezahlen, um von den Kameradinnen und Kameraden akzeptiert zu werden. Und trotzdem ist es zumeist die ganze Mühe nicht wert: Die «Alphatiere», die Kameradinnen und Kameraden, welche die Freundesgruppe führen, werden letztendlich bestimmen - ähnlich wie Cäsar im Kolosseum - ob der Kandidat oder die Kandidatin dazugehören darf oder nicht.

Und das negativ Prägende an diesen ganzen Ritualen und Verhaltensnormen ist, dass sie ohnehin in einem zukünftig hemmenden Glaubenssatz münden: Entweder geht der Daumen des «Alphatieres» hoch und man wird angenommen - ein Moment des innerlichen Jubelns. Bloß wird genau in diesem Moment ein zumindest unbewusster, wenn nicht gar bewusster Lernprozess gezündet: In Zukunft wird dieses Kind (und später auch der Erwachsene) womöglich stets alles erdenklich Mögliche für die Menschen tun, von denen es sich Liebe ersehnt.

Ein falscher Glaubenssatz: Denn es wird sich später als enorm schwierig oder sogar unmöglich erweisen, genau von jenen Menschen geliebt zu werden, die einem ihre Liebe nur dann schenken, wenn man bestimmte Voraussetzungen erfüllt. Dies ist sozusagen eine Liebe auf Bewährung. Und eine solche Beziehung ist in den allermeisten Fällen toxisch.

Der andere, hemmende Lernprozess, der von diesen Aufnahme-Ritualen auf dem Pausenhof ausgelöst wird, ist die zweite Möglichkeit: Der Daumen von «Cäsar» zeigt nach unten, und das Kind spürt, dass es nicht dazugehört, dass es den Ansprüchen der Peergroup, der Gruppe, nicht genügt.

In beiden Fällen lernt das Kind fälschlicherweise, dass «zu genügen» eine der wichtigsten Voraussetzungen dafür ist, im Leben geliebt zu werden. Nicht bloß in der Schule, in Hinblick auf Wissen und Leistung, sondern auch im späteren Leben, in der Familie, im Kollegen- und Freundeskreis.

Wenn dann das Kind abends zu Hause ist, geht die Geschichte – vom Schulsystem getrieben – weiter: Hausaufgaben sind angesagt. Das Kind muss diese Aufgaben erfüllen, und die Ergebnisse werden meistens von den Eltern geprüft. Vielleicht wird das Kind sogar noch gerügt, weil es sein Zimmer zu wenig ordentlich hält, weil es zu wenig vom gesunden Essen gegessen hat, und schließlich noch ermahnt, sich freundlicher dem Geschwister gegenüber zu verhalten.

Der persönliche Vergleich und die Grundregel, allen anderen Menschen genügen zu müssen, sind allgegenwärtig. Das Kind muss:

- in Mathematik genügen – es muss gut rechnen können,
- in Deutsch/in Sprachen genügen – es muss sprachlich begabt sein,
- in Geografie genügen – es muss ein Kolumbus sein,
- in Natur-Welt-Umwelt-Fächern genügen – es muss global-wissenschaftlich orientiert sein,
- in Musik genügen – es sollte musikalisch talentiert sein,
- im Sport genügen – es sollte in der Zukunft nebst der wissenschaftlich-akademischen Karriere mindestens noch Spitzensportler werden.

Anmerkung: Ironischerweise wird von allen Kindern erwartet, in allen Fächern genügend zu sein. Nur: Eigenartigerweise scheint es Standard zu sein, dass es in den Schulen keine einzige Lehrkraft gibt, die in allen Bereichen niet- und nagelfest ist.

Und es geht weiter. Das Kind muss:

- Freunde haben,
- zu diesen Freunden nett sein,
- sich nicht mit Gewalt wehren, wenn es bedroht wird,
- stets Ordnung zu Hause halten,
- die Hausaufgaben stets gewissenhaft erledigen,
- Vorbild für jüngere Geschwister sein, sich aber zugleich von anderen Geschwistern eine Scheibe abschneiden (manchmal auch von denen, denen es ein Vorbild sein soll),
- Mama und Papa um Erlaubnis fragen, wenn es etwas Spezielles machen oder haben möchte,
- wissen, wann es Mama und Papa in Ruhe lassen und keine störenden Fragen stellen soll.

Kurzum: Das Kind muss nahezu in jeder Minute seines Lebens den Wünschen und Ansprüchen anderer genügen. Und wenn es genügt, gute Schulnoten nach Hause bringt – dann bekommt es besonders viel Lob und Anerkennung. Und manchmal sogar mehr Taschengeld.

Diverse falsche Glaubenssätze entstehen:

- Ich muss immer tun, was man von mir erwartet, damit ich geliebt werde.
- Wenn ich nur die Bedürfnisse der anderen berücksichtige und nicht die eigenen, dann werde ich besonders geliebt.
- Wenn ich genau das mache, was von mir erwartet wird, werde ich reich.
- Wenn ich das auswendig lerne, was man von mir erwartet – auch wenn es mich überhaupt nicht interessiert –, dann stehen mir zukünftig mehr Türen offen.
- Wenn ich gute Schulnoten habe, kann ich studieren und werde glücklicher.

Die Quintessenz: Von Menschen, die bereits von klein auf dazu getrimmt wurden, zu genügen, darf man nicht erwarten, dass sie keine Angst haben, auch mal nicht zu genügen.

Die Angst, nicht zu genügen, ist wohl eine der größten Ängste unserer Gesellschaft.

Doch wie wäre es, wenn man schon dem Kind erklärte, dass die Schule nur ein bestimmtes System ist? Dass dieses System jedoch keinen Einfluss hat auf sein zukünftiges Glücklich-Sein?

Wie wäre es, wenn das Kind in den Arm genommen wird, wenn es eine schlechte Schulnote nach Hause bringt, und ihm erklärt wird, dass man stolz ist, weil es sich Mühe gegeben hat? Wie wäre es, wenn man dem Kind erklärt, dass es viel mehr Spaß macht, etwas zu lernen, wenn es sich wirklich dafür interessiert? Wie wäre es, wenn man sich als Eltern ernsthaft bemüht, das Interesse und die Begeisterung für ein Fach anzuregen, indem man dem Kind erklärt, wie sehr ihm dieses Wissen in Zukunft nützlich sein kann?

Ich verstehe, dass Eltern es vermeiden möchten, sich später von ihren Kindern vorwerfen lassen zu müssen, sie zu lasch erzogen zu haben. Dass ihre Kinder vielleicht mehr berufliche Möglichkeiten hätten, wenn sie, die Eltern, sie entschiedener dazu animiert hätten, bessere Schulnoten zu schreiben.

Doch einen wirklichen Gefallen tut man einem Kind nicht, indem man es zu bestimmten *Verhaltensweisen* forciert. Es geht darum, in ihm die *Begeisterung* für die Materie zu entfachen. Die Hirnforschung weiß: Besonders lernfähig ist, wer begeistert ist. Ist die Begeisterung entfacht, kommen die guten Schulnoten meist wie von selbst.

Wie wäre es außerdem, wenn das Schulsystem endlich einmal revolutioniert würde? Wenn endlich Fächer eingeführt würden, die wirklich wichtig sind im Leben: Fächer wie «Verantwortung», «Planung», «Gefühle regulieren», «Empathie» oder «Glücklich sein»?

Wie wäre es, wenn es pro Fach immer mindestens zwei Lehrkräfte gäbe? Eine weibliche und eine männliche Lehrkraft nämlich, sodass Schulkinder viel bessere Möglichkeiten hätten, sich mit einer der Lehrkräfte zu identifizieren? Denn wir alle wissen: Wir waren genau in den Fächern gut, in denen uns Lehrkräfte unterrichteten, zu denen wir einen Draht hatten. Und dass wir in einem Schulfach, in dem wir ungenügend gewesen waren, auf einmal bessere Noten schrieben, wenn die Lehrkraft gewechselt hatte – weil wir uns mit ihr besser identifizieren konnten.

Wie wäre es, wenn man den Lehrerberuf spannender machen und besser entlohnen würde? Letztendlich wählen immer weniger Menschen diesen so wichtigen Beruf – unter anderem deshalb, weil man, einmal in diesem Beruf angekommen, kaum noch Aufstiegsmöglichkeiten hat.

Letztendlich gilt: Die Glaubenssätze, die in der Kindheit entstehen, sind zumeist auch die, bei denen es einen besonders großen Aufwand braucht, sie zu ändern.

Beginnen wir also möglichst früh und geben den Kindern und ihrem Umfeld das, was jede und jeder verdient hat: das Wissen, bedingungslos geliebt zu werden.

Warum ich erfolgreich bin

Oft bin ich schon gefragt worden, was ich anders gemacht habe als andere, dass ich schon so früh so große Erfolge verzeichnen konnte. Mit Mitte 20 habe ich schon mehrere Bestseller geschrieben und ein eigenes Unternehmen geführt – mein Institut für Hypnosetherapie mit mehreren Angestellten.

Wohlgemerkt: In diesem Kapitel will ich nicht angeben. Ich möchte lediglich von meinen Erfolgen erzählen, weil sie so eine Referenz für meine Erfahrungen bieten können.

Doch an dieser Stelle sei eine Trigger-Warnung ausgesprochen. Was ich in den kommenden Zeilen schildere, schreibe ich, weil ich das so empfinde. Wenn das bei jemandem das Gefühl auslöst, ich wäre eingebildet oder arrogant, so möchte ich mich bereits jetzt aufrichtig dafür entschuldigen. Diesen Eindruck möchte ich keineswegs erwecken.

Wenn allerdings meine Zeilen trotz dieser «Vorab-Entschuldigung» triggernd auf dich wirken, so könnte das eine Motivation sein, diesem Gefühl mal nachzuspüren und zu schauen, ob das Miterleben von Erfolgen anderer in dir das Gefühl weckt, nicht zu genügen.

Wenn dem nämlich so ist, so möchte ich dir an dieser Stelle sagen: Du bist definitiv mehr als gut, so wie du bist! Du bist ein Produkt der Natur! Du bist ein Geschenk des Universums! Wenn du das nicht glaubst, so lies bitte noch einmal das allererste Kapitel dieses Buches. Ich meine es wirklich so!

Nun also, ich beginne mit einer Retrospektive.

Ich führe ein Institut mit zehn Mitarbeitenden.

Das Buch, das du in Händen hältst, ist mein zehntes Buch. Und auch wenn ich in diesem Augenblick, während ich schreibe, nicht wissen kann, *ob* es überhaupt ein Bestseller wird, so gehe ich aufgrund meiner Erfahrungen davon aus, *dass* es ein Bestseller wird. Und deshalb erlaube ich mir zu schreiben, dass du meinen zehnten Bestseller in Händen hältst.

Ich bin 33 Jahre jung, das jüngste von sieben Kindern. Ich kam per Kaiserschnitt zur Welt. Eigentlich sagt man ja, ein Kind sollte auf natürlichem Wege geboren werden, weil der Weg durch den Geburtskanal die erste Mutprobe im Leben sei. Nun ja. Das ist wieder ein Glaubenssatz, den ich falsifizieren kann: Denn ich kenne sehr viele Menschen, die ich als deutlich weniger resilient und mutig einschätzen würde als mich selbst, obschon sie sich durch den Geburtskanal kämpfen mussten.

Ich musste per Kaiserschnitt geholt werden, weil sich meine Nabelschnur mehrfach um meinen Hals gewickelt hatte und ich zudem auch noch im Schneidersitz im Mutterleib saß, weil ich mich nicht rechtzeitig vor der Geburt gedreht hatte. Wer weiß – vielleicht habe ich ja schon damals meditiert und dabei die Zeit und alles um mich herum vergessen – und somit auch den Geburtstermin.

Kaum war ich auf der Welt, stellte man fest, dass meine Hüftgelenke ausgekugelt waren. Die Ursache war das langen Verbleiben im Schneidersitz. Und man bemerkte auch, dass ich immer wieder vergaß zu atmen. Ich musste immer wieder reanimiert werden und in einem Überwachungskasten stets unter Beobachtung bleiben, besonders nachts.

Für meine Mutter war das eine Qual. Sie wollte mich entgegen den Anordnungen der Ärzte mit nach Hause nehmen, doch sie durfte nicht. Also setzte sie alle Hebel in Gang, um einen solchen Überwachungskasten zu bekommen und mich endlich mitnehmen zu können. Zu Hause wurden meine Geschwister darin instruiert, wie sie mich reanimieren mussten, wenn ich nicht mehr atmete.

Als meine Atmung endlich stabil war, erlitt ich immer

wieder Ohnmachtsanfälle. Der Rekord lag bei fast 30 Anfällen täglich. Ich verkrampfte mich, bekam keine Luft – und wurde daraufhin bewusstlos. Die Ärzte gingen bald davon aus, dass ich später wegen des immer wieder auftretenden Sauerstoffmangels geistig beeinträchtigt sein würde.

Doch zum Erstaunen aller neurologischen Fachkräfte erzielte ich bei allen Prüfungen überdurchschnittlich gute Ergebnisse und konnte teilweise schon Dinge, die ich erst später hätten können dürfen: So löste ich bereits im Kindergarten einfache Rechenaufgaben und konnte auch schon schreiben.

Doch noch bevor ich in den Kindergarten kam, nahm sich mein Vater das Leben. Es geschah an einem idyllischen Abend. Unsere Familie saß beim Abendessen, als sich ein Streit entfachte und mein Vater schreiend aufsprang und einen unvorstellbar heftigen Wutausbruch hatte. Er schlug alles kaputt, die Möbel, das Geschirr und warf es zu den Fenstern raus. Die Fenster blieben dabei geschlossen. Uns tat er nichts, aber wir rannten entsetzt aus dem Haus.

Mein Vater dann auch. Er kam jedoch nie wieder zurück.

Als ich eine Weile später in den Kindergarten ging, fiel mir auf, dass ich anders aussah als die anderen Kinder. Ich hatte überall Sommersprossen und rote Haare.

Aber erst in der Schule ließen die anderen mich diese optische Diskrepanz stärker spüren. Ich wurde immer wieder gehänselt, und diese Hänseleien zogen sich durch viele Schuljahre bis in die Oberstufe. Erst als ich die Schule wechselte, auf dem Gymnasium, änderte sich das.

Und nun fragst du dich sicher: Wie kann es sein, dass ein Junge, der so viel Tragisches durchmachen musste – ausgekugelte Hüftgelenke, immer wiederkehrende Atemaussetzer, Ohnmachtsanfälle, Suizid des Vaters und jahrelanges Mobbing, dennoch so erfolgreich sein kann?

Die Antwort lautet: Unbewusste Sicherheit.

Ich hatte immer eine unbewusste Sicherheit, die mir einfach geschenkt wurde – von dem Menschen, in dem ich heranwachsen durfte und mit dem ich bis heute und in alle Ewigkeit symbiotisch verbunden war und sein werde: meiner Mutter.

Wenn ich von der Schule nach Hause kam und weinte, weil meine Mitschüler zu mir gesagt hatten, dass ich eklige Punkte im Gesicht hätte, dann sagte meine Mutter zu mir: «Ach, die sind doch alle nur neidisch. Nicht jeder hat das ganze Universum im Gesicht.»

Wenn ich stundenlang im Spital mein Gehirn und alles Erdenkliche checken lassen musste und ich mich vor lauter Erschöpfung kaum mehr auf den Beinen halten konnte, so sagte meine Mutter: «Die Ärzte können nichts herausfinden, weil du so besonders bist.»

Und wenn ich vor lauter Stress nicht wusste, ob ich eine Prüfung in der Schule bestehen würde, so meinte sie nur: «Ach, das ist doch Pipifax für dich!»

Ich wusste, dass ich auch mal schlechte Schulnoten mit nach Hause bringen durfte. Meine Mutter erwartete nie von uns, dass wir akademische Abschlüsse anstrebten. Sie machte uns jedoch Mut und traute uns zu, dass wir das schaffen konnten, wenn wir es wollten. Aber sie hätte es ebenso akzeptiert, wenn ich das Gymnasium abgebrochen hätte – und das bloß, weil ich so viele Hobbys hatte und unschlüssig war, ob ich noch die letzten 18 Monate durchziehen sollte, wenn ich doch ohnehin nicht studieren wollte.

Ich denke, jedes Kind, das zu seiner Mutter ein gutes Verhältnis hat, glaubt, dass diese Mutter die beste von allen ist. Ich will auch gar keine Standards festlegen, was im Einzelnen eine gute und was eine hemmende Erziehung ausmacht.

Doch ich glaube, dass jede Mutter und auch jeder Vater sich im Klaren darüber sein sollte, dass Kinder weitaus suggestibler sind – also viel empfänglicher für Einflüsse von außen – als man denkt. Kinder glauben noch an den Weihnachtsmann, den Osterhasen und die Zahnfee.

Und leider auch, dass sie nicht genügen, wenn man ihnen das immer wieder sagt.

Wenn man sich nur schon zu Herzen und zum Vorsatz nimmt, ein Kind nie spüren zu lassen, dass es nicht genügt, so glaube ich, dass man auf diese Weise einen maßgeblichen Grundstein für das Leben dieses Kindes setzt.

Ein Kind bedingungslos zu lieben, bedeutet auch, zu verstehen, dass dieses Kind noch vieles lernen und auch viele Fehler machen muss. Und natürlich soll es auch eine Streitkultur entwickeln dürfen. Doch man muss ihm dabei immer aufzeigen, dass man vor allem durch Gespräche und Diskussionen zu einer Einigung finden und ein Verständnis füreinander entwickeln kann.

Das Kind soll lernen, dass es etwas Besonders – aber natürlich nicht das *einzige* besondere Kind ist. Weil jedes Kind, jeder Mensch etwas Besonderes in sich trägt. Und es soll lernen, dass es, wenn es sich mit einem Gegenüber auseinandersetzt, in diesem und in jedem anderen Menschen auch etwas ganz Besonderes finden wird.

Zu wissen, was an einem selbst nun besonders ist – das führt in unserem Unterbewusstsein zur Stärkung unseres Selbstwertgefühls.

Zu wissen, dass man so geliebt wird, wie man ist. Zu wissen, dass man immer etwas Besonders bleiben wird, egal welche Leistungen man zeigt, welche Schulnoten man nach Hause bringt - oder welche Ausgrenzung man erfährt.

Und zu wissen, dass du aus dem Wunsch des Universums entsprungen bist.

Du bist etwas Besonderes!
Sei einfach du selbst.

Narzissmus

Wir alle kennen den Spruch «Liebe dich selbst! Dann kannst du auch andere lieben!». Wir alle haben, wenn nicht genau in diesen Worten, dann doch bestimmt in abgewandelter Form schon zu hören bekommen, dass wir uns mehr lieben und so akzeptieren sollen, wie wir sind.

Paradoxerweise wird zu viel Selbstliebe aber auch wieder als falsch verurteilt. Wer sich zu sehr liebt, ist selbstverliebt, arrogant oder wird sogar als narzisstisch bezeichnet.

Und an dieser Stelle müssen wir diese beiden Wörter, nämlich «Selbstliebe» und «Narzissmus», genauer unter die Lupe nehmen. Sie unterscheiden sich nämlich ganz erheblich: Wer selbstverliebt ist, ist nicht immer auch narzisstisch. Wer Selbstliebe spürt, ist nicht immer zugleich auch narzisstisch veranlagt. Der Unterschied liegt ganz klar darin – aus Sicht des Unterbewusstseins und nicht aus Sicht eines Psychiaters (denn ich bin kein Psychiater) –, dass der Narzisst nur sich selbst wertschätzt und andere Menschen nicht.

Für einen Narzissten sind viele andere Menschen weniger oder gar nichts wert. Für einen Menschen jedoch, der viel Selbstliebe in sich trägt, sind andere Menschen ebenso wertvoll wie er selbst. Selbstliebe ist in dieser Hinsicht also das Gegenteil von Narzissmus.

Selbstliebe zu verspüren bedeutet aber nicht, an sich selbst nichts zu bemängeln zu haben. Selbstverständlich kann auch ein Mensch, der sich selbst liebt, mit seinem Verhalten nicht immer zufrieden sein. Doch er achtet dieses Verhalten als ein natürliches Verhalten seines Selbst. Er verurteilt sich nicht oder tut das zumindest deutlich weniger. Er hat für sich selbst ebenso viel Verständnis wie für andere Menschen. Er tut auch vieles für sich selbst, vergisst dabei aber die anderen Menschen um sich herum nicht.

Aus der Sicht deines Unterbewusstseins könnten dir folgende Parameter dabei behilflich sein, deine Selbstliebe und somit auch dein Selbstwertgefühl zu stärken:

- Erstelle eine Liste mit den Eigenschaften, die du an dir selbst magst und die du häufiger zeigen möchtest, so zum Beispiel eine Verhaltensweise von dir selbst.
- Führe eine Liste mit Menschen, die für dich vorbildlich sind, die dich inspirieren und die dich weiterbringen. Versuche auch, gewisse Eigenschaften dieser

Menschen zu übernehmen, aber immer noch du selbst zu bleiben.

- Mache anderen Menschen mehr ehrliche Komplimente. Denn wer anderen Menschen Mut macht und sie in dem, was sie tun, bestärkt, schenkt sich auch selbst positive Energie.
- Schau mal alle deine schönen Erinnerungsfotos durch. Meist sind unsere Smartphones voller schöner Erinnerungsbilder, die wir viel zu selten in uns aufleben lassen. Schicke einige dieser Fotos an Freunde und schreib beispielsweise dazu: «Weißt Du noch ...?» Der Austausch und die Verbundenheit mit so vielen Menschen tut auch dir gut und stärkt dein Selbstwertgefühl.
- Lache auch mal über dich selbst. Erzähle deinem Umfeld (natürlich nur dort, wo es angebracht ist) lustige Geschichten. Auf diese Weise lernst du, dass du selbst dann ein liebenswerter und wertvoller Mensch bleibst, wenn dir etwas Peinliches geschieht oder du einen Fehler gemacht hast.

Oft jedoch sind Menschen von dem narzisstischen Verhalten anderer betroffen und verletzt und wissen kaum, wie sie mit diesen Menschen umgehen sollen.

Da Narzissmus jedoch als psychopathologische Störung gilt (aufgeführt im ICD-10-Katalog, dem Katalog für international klassifizierte Krankheiten), sollte man zuallererst nicht sofort den Fehler bei sich selbst suchen. Folgende Verhaltensregeln könnten dir dabei helfen, in deiner Selbstliebe zu bleiben und dich nicht erniedrigen zu lassen:

- Erkläre dem Narzissten, dass du dich gern hast, dass du etwas wert bist und dass du dich selbst auch liebst. Narzissten neigen dazu, sich ihre «Opfer» gezielt auszusuchen. Mental starke Menschen sind zumeist für Narzissten wenig interessant, weil sie sie viel schlechter manipulieren und instrumentalisieren können. Die Verbalisierung «Ich liebe mich!» wirkt auf viele Narzissten ähnlich abschreckend wie Knoblauch auf Vampire.
- Versuche, all den Schmerz im Narzissten zu erkennen. Seine Vergangenheit. Seine Kindheit. Und zu erkennen, dass er sein Fehlverhalten wahrscheinlich auch deshalb entwickelt hat, weil er durch Prägungen in der Kindheit oder Jugend meint verstanden zu haben, dass er der wichtigste Mensch auf Erden ist – und alle anderen unwichtig sind. Man hat es ihm vielleicht so beigebracht, vielleicht aus elterlicher Überfürsorge heraus. Erkenne, dass der Narzisst eigentlich Hilfe bräuchte. Und dass er sich sehr wahrscheinlich leider nicht helfen lassen will, weil er selbst in seinem Verhalten kein Problem sieht. Diese Gedanken helfen dir möglicherweise

dabei, dich ein wenig vom verletzenden Verhalten eines Narzissten zu distanzieren.

- Ein Narzisst verhält sich krankhaft. Das heißt, ein Dialog mit ihm hat kaum einen oder gar keinen Sinn. Lass dich nicht auf Diskussionen ein, sondern kommuniziere eher nonverbal standhaft. Strahle Selbstsicherheit aus. Um dir deinen immensen Wert immer wieder bewusst zu machen, verbinde dich mit Menschen, zu denen du einen guten Draht hast, und rede, wenn es das Vertrauensverhältnis zulässt, auch über das Fehlverhalten des Narzissten, sodass du auch von außen den deutlichen Impuls bekommst, dass der Fehler nicht nur bei dir liegt.

Im Grundsatz sollten wir alle einsehen, dass jede und jeder sich eigentlich nur Liebe wünscht. Die Liebe ist die zentrale Kraft im Universum. Und genauso wie sich jede Blume zur Sonne wendet, wenden wir uns zur Liebe hin, die wir erhalten oder ersehnen. Bloß sollten wir uns immer wieder die Frage stellen, ob die Liebe, die wir bekommen, eine wahrhaftige Liebe ist – oder ob sie nur Teil eines manipulativen Spiels ist.

Doch eines solltest du derweilen niemals vergessen: Du bist wichtig. Du wirst geliebt. Geliebt vom Universum.

Echte Wertschätzung

Wenn wir das Wort «Wertschätzung» genauer unter die Lupe nehmen, erkennen wir, dass es darum geht, einen *Wert zu schätzen*. Wenn wir eine Geste eines Menschen wertschätzen, dann bedeutet dies also, dass wir den hohen Wert dieser Geste – die Fürsorge, die Empathie und die Achtsamkeit – dahinter sehen. Eben, dass wir dies alles schätzen.

Ich bin mir sicher, dass du schon sehr vieles in deinem Leben wertgeschätzt hast. So beginnt das bei kleinen Gesten, die du wertschätzt, beispielsweise, dass dir jemand die Tür aufhält, bis hin zu einer sehr großen Geste wie zum Beispiel, dass dir jemand einen Job vermittelt oder dich und dein Tier mit dem Wagen in die Tierarztpraxis fährt.

Doch wie ist das mit deiner eigenen Wertschätzung dir gegenüber?

Schätzt du deinen eigenen Wert ebenfalls? Oder bist du dafür auf die Wertschätzung von außen, auf die Wertschätzung anderer angewiesen?

Im Grundsatz wäre es für unsere innere Sicherheit von großem Nutzen, uns selbst bereits zu wertschätzen, sodass eine weitere Wertschätzung von außen lediglich eine Bestätigung wäre, auf die wir aber so konkret gar nicht angewiesen sind.

Denn wer sich selbst nicht wertschätzt, läuft Gefahr, die Wertschätzung stets im Außen zu suchen.

Die eigene Wertschätzung ist etwas zutiefst Verinnerlichtes. Etwas, was du fühlst. Etwas Manifestiertes, das du einfach weißt!

Aber viele Menschen schätzen ihren Wert nur, wenn sie von außen eine Bestätigung erhalten. Und wenn diese Menschen an bestimmten Tagen besonders viel Lob oder Aufmerksamkeit bekommen, so meinen sie in diesen Momenten oft, wertvoller zu sein. Doch das stimmt natürlich nicht: Ein Mensch ist nicht wertvoller, nachdem er Komplimente oder Aufmerksamkeit bekommen hat. Doch viele Menschen glauben, dass die Liebe, die Zuwendung, die sie durch andere erfahren, ihnen erst beweisen, dass sie nun endlich auch wertvoll seien.

Wer jedoch schon als Kind Wertschätzung erfahren durfte, indem man ihm gezeigt hat, dass es auch dann geliebt wird, wenn es nicht immer die Wünsche anderer erfüllt, empfindet diese Wertschätzung womöglich ein Leben lang.

Doch auch für alle, welche dieses Gefühl als Kind nicht geschenkt bekamen, ist es nie zu spät, mit der eigenen Wertschätzung zu beginnen. Ja, man sagt, wer als Kind etwas lernt, tut dies besonders schnell. Wer also schon als Kind lernt, Piano zu spielen, erwirbt diese Fertigkeit besonders schnell. Doch auch im hohen Alter können wir noch das Klavierspiel erlernen. Wahrscheinlich braucht es dann etwas mehr Disziplin und Übung – doch auch dann kann man noch richtig gut werden, sogar eine weltberühmte Pianistin oder ein gefeierter Pianist.

Ebenso verhält es sich mit dem Bewusstsein des eigenen Selbstwerts. Man kann diesen eigenen Selbstwert selbst noch im hohen Alter verinnerlichen. Es braucht vielleicht einfach, wie bei den Musikern, die noch im hohen Alter ein Instrument lernen, etwas mehr Training. Doch im Endeffekt wird man auch im hohen Alter noch virtuos gefühlvolle Lieder spielen können.

Doch wie kann der Mensch seinen eigenen Selbstwert stabilisieren?

Hierfür habe ich eine Tabelle entwickelt, basierend auf all meinen Tausenden von therapeutischen Erfahrungsstunden. Diese Liste soll dich und dein Unterbewusstsein dabei unterstützen, dir deinen Selbstwert spürbar bewusst zu machen. Es sind spezifische Fragen, die manchmal auf den ersten Blick ähnlich wirken mögen, jedoch –

bei genauerer Betrachtung – auf ganz unterschiedliche Dinge abzielen.

Beantworte einfach die in dieser Liste gestellten Fragen.

Danach erkläre ich dir, wie du diese Antworten so in deinen Alltag integrierst, dass sie auf dich eine starke Wirkung haben.

Damit du verstehst, wie du diese Fragen beantworten sollst, nenne ich dir hier ein fiktives Fallbeispiel.

Meine Fragen an dich:
Was wirst du in deinem Leben häufiger tun, wenn du fühlen wirst, dass du wertvoll bist?

z.B.: Ich werde mehr unternehmen, tanzen gehen und mehr reisen.

Was wird an dir anders sein, wenn du tief in dir spüren wirst, wie wertvoll du bist?

z.B.: Ich werde mehr lachen und offener sein.

Wie wirst du dich fühlen in diesen Momenten?

z.B.: Geliebt, fröhlich, vertrauensvoll.

Mit welchen Menschen wirst du dich vermehrt umgeben?

z.B.: Lars, Ursula und Bettina.

Welche Menschen haben dir bisweilen schon dieses Gefühl – oder ein ähnliches – vermittelt? (Bitte nenne max. 3 Personen.)

z.B.: Arbeitskamerad/innen, Günther, neue Bekanntschaften.

Welcher Mensch hat dir, als du klein oder jugendlich warst, das Gefühl gegeben, geliebt zu sein? (Mutter, Vater, Oma, Opa, Tanke, Onkel, Patin, Pate, Lehrperson etc.)

z.B.: Oma Elisabeth.

Welchen positiven Glaubenssatz hat dir dieser eine Mensch für dein Leben mitgegeben?

z.B.: Ich kann alles erreichen, was ich auch wirklich will.

Welche schöne Besonderheit, die du aufweist, hat dir dieser eine Mensch widergespiegelt?

z.B.: Ich bin ein sehr liebevoller Mensch und will für alle immer nur das Beste.

Welche weitere, ganz schöne Besonderheit schreibst du dir selbst zu?

z.B.: Ich bin ein harmonischer Mensch und will, dass es allen gut geht.

Wenn deine schöne Besonderheit eine Farbe in deinem Körper wäre, die du auch ausstrahlst, welche wäre es?

z.B.: Türkis-Blau.

Meine Fragen an dich:
Was wirst du in deinem Leben häufiger tun, wenn du fühlen wirst, dass du wertvoll bist?
Was wird an dir anders sein, wenn du tief in dir spüren wirst, wie wertvoll du bist?
Wie wirst du dich fühlen in diesen Momenten?
Mit welchen Menschen wirst du dich vermehrt umgeben?
Welche Menschen haben dir bisweilen schon dieses Gefühl – oder ein ähnliches – vermittelt? (Bitte nenne max. 3 Personen.)
Welcher Mensch hat dir, als du klein oder jugendlich warst, das Gefühl gegeben, geliebt zu sein? (Mutter, Vater, Oma, Opa, Tanke, Onkel, Patin, Pate, Lehrperson etc.)
Welchen positiven Glaubenssatz hat dir dieser eine Mensch für dein Leben mitgegeben?
Welche schöne Besonderheit, die du aufweist, hat dir dieser eine Mensch widergespiegelt?
Welche weitere, ganz schöne Besonderheit schreibst du dir selbst zu?
Wenn deine schöne Besonderheit eine Farbe in deinem Körper wäre, die du auch ausstrahlst, welche wäre es?

	Deine Antworten:	
		1
		2
		3
		4
		5
		6
		7
		8
		9
		10

Herzlichen Glückwunsch zum Beantworten dieser Fragen! Die Antworten auf diese Fragen sind für dein Unterbewusstsein von Bedeutung.

Du hast nun durch diese Liste eine ideale Basis erarbeitet, eine Basis, die dir Orientierung gibt, wie du dein Selbstwertgefühl in dir stabilisieren und festigen kannst.

Die folgende Anleitung, die ich dir gebe, soll dir dabei behilflich sein, dein Unterbewusstsein regelrecht positiv zu programmieren.

Jede Antwort ist mit einer Nummer versehen. Ich empfehle dir, die vorliegende Liste in deinen Alltag zu integrieren – jedoch in deinem eigenen Tempo.

Erlaube dir, mit dem Integrieren eines Punktes zu beginnen und die Liste erst nach und nach zu vervollständigen:

Frage 1: Was wirst du in deinem Leben häufiger tun, wenn du fühlen wirst, dass du wertvoll bist?

z.B.: Ich werde mehr unternehmen, tanzen gehen und mehr reisen.

Antwort 1: Weshalb warten, bis du dich selbstbewusster fühlst, um das zu tun, was dir deinen Selbstwert widerspiegelt? Beginne schon heute oder möglichst bald damit, deine Antwort auf die Frage 1 umzusetzen.

Frage 2: Was wird an dir anders sein, wenn du tief in dir spüren wirst, wie wertvoll du bist?

z.B.: Ich werde mehr lachen und offener sein.

Antwort 2: Beginne damit, eine dieser Eigenschaften schon jetzt an den Tag zu legen. Versuche, diese Eigenschaft zumindest in deiner Vorstellung zu festigen. Schließe mindestens kurz die Augen und stelle dir vor, wie es sich anfühlen würde, diese Eigenschaft schon in diesem Moment zu haben.

Frage 3: Wie wirst du dich fühlen in diesen Momenten?
z.B.: Geliebt, fröhlich, vertrauensvoll.

Antwort 3: Verbalisiere deine Wunsch-Gefühle. Sag zu dir mit lauter Stimme – jetzt, in diesem Moment – «Ich fühle mich ...» und nenne dann deine Wunsch-Gefühle. Die Autosuggestion, das heißt, dieses positive Sich-Selbst-Zureden, wirkt auf dein Unterbewusstsein, weil du diese Gefühle auch tief aus deinem Inneren heraus gern haben möchtest und du deshalb weißt oder dir vorstellen kannst, wie sie sich anfühlen.

Frage 4: Mit welchen Menschen wirst du dich vermehrt umgeben?
z.B.: Lars, Ursula und Bettina.

Antwort 4: Schließe die Augen und stell dir vor, wie du mit diesen Menschen etwas Schönes unternimmst. Etwas, das alle schön finden würden. Diese Vorstellung wirkt dann auf dein Unterbewusstsein – so ähnlich wie eine Urlaubserinnerung. Nimm dann Kontakt mit einer dieser Personen oder mit allen Personen auf, insofern diese Möglichkeit besteht, und frage sie, ob sie mit dir etwas unternehmen möchten, oder schicke ihnen etwas per Nachricht zu, was dich an sie denken ließ, und verdeutliche dir und deinem Unterbewusstsein durch diesen Kontakt und die innere Vorstellung, dass du verbunden bist und geliebt wirst. Dass du wertvoll bist!

Frage 5: Welche Menschen haben dir bisweilen schon dieses Gefühl – oder ein ähnliches – vermittelt? (Bitte nenne max. 3 Personen.)

z.B.: Arbeitskamerad/innen, Günther, neue Bekanntschaften.

Antwort 5: Erlaube dir, dich wirklich öfter mit diesen Menschen zu umgeben. Schon ein gelegentlicher Nachrichtenaustausch kann nützlich sein.

Frage 6: Welcher Mensch hat dir, als du klein oder jugendlich warst, das Gefühl gegeben, geliebt zu sein? (Mutter, Vater, Oma, Opa, Tanke, Onkel, Patin, Pate, Lehrperson etc.)

z.B.: Oma Elisabeth.

Frage 7: Welchen positiven Glaubenssatz hat dir dieser eine Mensch für dein Leben mitgegeben?

z.B.: Ich kann alles erreichen, was ich auch wirklich will.

Frage 8: Welche schöne Besonderheit, die du aufweist, hat dir dieser eine Mensch widergespiegelt?

z.B.: Ich bin ein sehr liebevoller Mensch und will für alle immer nur das Beste.

Antworten 6, 7 und 8: Notiere den Namen dieses Menschen auf einem schönen Blatt Papier und schreibe darunter die Worte aus **Antwort 7** und die aus **Antwort 8.**

Frage 9: Welche weitere, ganz schöne Besonderheit schreibst du dir selbst zu?

z.B.: Ich bin ein harmonischer Mensch und will, dass es allen gut geht.

Antwort 9: Sprich zu dir selbst mit lauter Stimme: «Das besonders Schöne an mir ist, dass ich ... bin.» Und füge dabei deine Antwort auf Frage 9 hier ein. Binde diese Aussage, etwas abgeschwächt, auch in deine zwischenmenschliche Kommunikation ein. Klar, es kann andere Menschen triggern, wenn du etwas sagst, das auf sie «selbstverliebt» wirkt. Doch du kannst es ja etwas weicher sagen. Statt *«Ich bin ein besonders intelligenter Mensch!»* sagst du vielleicht *«Ich suche immer Lösungen, und erstaunlicherweise finde ich sie meist auch!»*. Du kannst die Worte aus deiner Antwort 9 auch einfach direkt so formulieren, wie du sie aufgeschrieben hast, und davon ausgehen, dass jemand, der damit Schwierigkeiten hat, dass du dich selbst liebst, zuallererst an sich selbst arbeiten müsste, um das aushalten zu können. Und dass dieser Mensch sich für dich und mit dir darüber freuen könnte, dass du diese Worte aussprichst.

Frage 10: Wenn deine schöne Besonderheit eine Farbe in deinem Körper wäre, die du auch ausstrahlst, welche wäre es?

z.B.: Türkis-Blau.

Antwort 10: Schließe deine Augen und atme dieses schöne Gefühl als Farbe – bloß in deiner Vorstellung – durch deinen gesamten Körper, während du fünfmal tief ein- und ausatmest. Und suche diese schöne Farbe überall in deinem Alltag. Du wirst sie bestimmt immer wieder in etwas widergespiegelt finden können. Und vielleicht bindest du diese schöne Farbe als Farbtupfer in dein Leben ein, indem du Kleider trägst, die diese Farbe haben, oder indem du dein Zuhause mit Farbtupfern dieser Farbe dekorierst. Oder deinen Arbeitsort damit bereicherst.

Diese Liste soll dich dabei unterstützen, dir deinen Wert wieder bewusst zu machen und diesen fühlen zu können. Es ist eine Liste, die deine Ratio ebenso wie dein Unterbewusstsein anspricht. Beginne mit einem dieser Schritte.

Doch versuche innert den kommenden zwei Wochen möglichst alle Schritte durchzuführen und dann mindestens drei Schritte aus der Liste nachhaltig und langfristig in deinen Alltag zu integrieren.

Mach dir bewusst, wie wertvoll du bist und dass dein Wille und deine Gedanken mindestens ebenso wertvoll sind wie die Gedanken anderer.

Angeber

Ich bin sicher, du kennst Angeber.

Doch die eigentlich essenzielle Frage, die ich dir stellen möchte, lautet: Hast du auch schon mal angegeben?

Anzugeben liegt in unserer Natur. Und doch ist dieses Verhalten so verrufen.

Doch selbst auf einem Waldspaziergang kann man viele Angeber treffen. Und das, obwohl es in manchen Wäldern keine Menschen gibt, keine PS-starken Boliden und, weil keine Menschen da sind, auch keine teuren Uhren oder teure Kleidung.

Und dennoch wimmelt es in diesem Wald vor Angebern.

Denn so viele Tiere haben ein Balzverhalten. Sie zeigen ihr schönes Gefieder, wackeln mit ihrem leuchtenden Federkleid, um aufzufallen, oder machen sich ganz groß, um Eindruck zu machen. Sie möchten mit ihrem Aussehen, ihrer Stärke punkten und die Begehrtesten sein, auch um ihre Chancen zu erhöhen, sich fortpflanzen zu können.

Bei vielen Menschen ist das nicht anders. Bloß können sie kein Gefieder präsentieren, sondern teure Anzüge oder aufwendigen Schmuck. Sie können sich auch nicht größer machen als sie sind, aber sie können ihre luxuriösen Sachwerte zeigen, die Uhr, die Yacht, den Pool. Sie wollen möglichst großes Aufsehen erregen und möglichst die Wahrscheinlichkeit steigern, geliebt zu werden.

Den Angeber belächeln wir, weil wir schon im Vorhinein wissen, dass diejenigen, die sich von seinem Auftreten angezogen fühlen, nicht ihn als Menschen bewundern, sondern nur seinen Status. Und die Liebe ist dann in unseren Augen keine wahrhaftige Liebe, sondern lediglich ein Spiel.

Doch bei dem Vogel, der sich aufplustert und sein Gefieder auffächert, ist es nicht viel anders. Die anderen Vögel, die sich von ihm angezogen fühlen, haben vielleicht das Gefühl, bei ihm besonders viel Schutz und Sicherheit zu erfahren und vielleicht auf besonders starken Nachwuchs hoffen zu können.

Ebenso verhält es sich mit jenen Menschen, die glauben, mehr Schutz und Sicherheit zu erfahren, wenn sie mit Menschen in Verbindung stehen, die mächtig oder einflussreich sind und dies vielleicht durch Geld zeigen. Geld scheint ein wichtiger Machtfaktor zu sein. Wer viel

Geld hat, kann sich vieles erkaufen – und sich teure Anwälte aus der Kriegskasse leisten.

Die einzige Frage, die sich hier stellt, ist: Sind die Tiere, die nicht für eine Paarung ausgewählt werden, auch so entnervt von all den Angebern unter ihren Artgenossen?

Wir Menschen sind es jedenfalls. Doch weshalb eigentlich? Was tut es zur Sache, wenn einer mit seinem Wagen und seinem Gefieder protzt und damit Menschen oder ein Vogelweibchen anzuziehen versucht? Es ist seine Art, Liebe zu erlangen. Doch weshalb löst das manchmal eine solche Wut in uns aus?

Wut ist eigentlich eine Reaktion auf Angst. Und Angst ist ein Mangel. Wut ist eine Sperre, die wir einbauen, sodass der Mangel nicht noch stärker werden kann.

Doch weshalb sollte jemand, der angibt, diesen Mangel in uns bewirken? Haben wir Angst, dass er uns etwas wegnimmt? Dass er uns Liebespotenzial entzieht? Dass dieser Mensch mehr geliebt wird als wir?

Kurz: Ja. Der Mensch ist ein Wesen, das vergleicht. Wir vergleichen uns ständig mit den anderen. Und wenn nun jemand angibt, sind wir uns durchaus bewusst, dass diese

Angeberei auch dazu führen kann, dass dieser Mensch womöglich Aufmerksamkeit und Zuwendung erfahren wird. Und dies gibt uns dann das Gefühl, weniger geliebt zu sein als dieser Angeber. Wir fühlen uns weniger geliebt und daher auch weniger wertvoll.

Dafür kann aber der Angeber nichts. Wenn er nicht herablassend war und nicht gesagt hat, dass alle, die seinen Standard nicht haben, nichts wert seien, sondern auch die Menschen wertschätzt, die wenig oder sogar nichts haben, dann hat der Angeber rein nichts getan, was andere an ihrer Wertschätzung zweifeln lassen sollte. Nichts, was irgendjemanden an der eigenen Wertschätzung zweifeln lassen sollte. Das hat dann er oder sie gedanklich ganz allein bewerkstelligt.

Spannend wird es jedoch, wenn der Mensch sich in seiner Fülle fühlt. Dann können auch Angeber nichts mehr in ihm auslösen.

Im Zeitalter der sozialen Medien ist die Gefahr, sich von Angeberei nachgerade umzingelt zu fühlen, sehr hoch.

Wenn nun zum Beispiel ein Mann ein Selfie von sich auf einem Boot postet, mit einem Champagnerglas in der Hand und leckerem Essen vor sich, so löst das in vielen diese stillen Ärger aus: «Was bildet der sich ein? Ist er etwas Besseres als ich?»

Nein, das hat dieser Mensch wohl kaum zu seinem Selfie dazugeschrieben. Sondern vielleicht sogar etwas Motivierendes wie «Träume nicht dein Leben, sondern lebe deinen Traum!». Doch weshalb löst so ein Bild so viel innere Frustration aus? Ganz einfach: Weil man sich unbewusst mit diesem Menschen vergleicht – allerdings lediglich in dieser Hinsicht (Boot, Champagner, Essen) – und sich nun selbst einredet, dass dieser Mensch mehr Liebe erfährt als man selbst, und man sich nun deshalb weniger geliebt fühlt.

Manche würden vielleicht entgegnen: «Nein, mich ärgert, dass viele Angeber einen Schein wahren, aber eigentlich gar nicht so glücklich oder reich sind, wie sie tun.» Das mag sein. Und ich verstehe das auch. Ich selbst habe mir immer vorgenommen, mehr zu sein als ich zeige. Ich mag und lebe den Spruch «Mehr Sein als Schein». Andere hingegen sind vielleicht mehr Schein als Sein. Aber damit habe ich nur selten ein Problem. Wenn jemand das Gefühl hat, zeigen zu müssen, welch schönes Gefieder er hat, dann soll er oder sie das tun. Denn ich betrachte das Ganze aus der Sicht der Natur: Auch wenn ein Vogel sich aufplustert, hat er dennoch nicht mehr Masse. Dennoch tut es der Vogel. Er zeigt, was er kann.

Und auf den Menschen übertragen heißt das: Es gibt auch viele, die zeigen, was für einen schönen Körper sie haben, indem sie Bilder von sich posten, auf denen man den Waschbrettbauch sieht oder die schlanke Taille. Auch das ist nur eine Art Balztanz. Und all die positiven Reaktionen auf den sozialen Medien sind dann wie Flirts, die ihnen guttun.

Doch was können wir tun, damit uns das nicht mehr so ärgert? Und wie kann ich es erreichen, kein Problem mehr damit zu haben, dass jemand angibt? Ganz einfach: Indem ich dahinter blicke. Weil ich dann sehe, dass dieser Mensch Liebe sucht. Manchmal bedaure ich, dass dieser Mensch soviel Liebesmangel hat. Ich habe kein Mitleid und freue mich für diesen Menschen, wenn er Liebe erfährt. Ich möchte mich für jeden Menschen freuen, der Liebe erfährt. Liebe ist die ultimative Kraft. Liebe ist die stärkste Kraft im Universum. Liebe *ist* das Universum.

Und wenn du selbst schon in der Fülle der Liebe bist, dann kann auch niemand in dir einen Mangel auslösen, bloß weil sie oder er öffentlich einen «Balztanz» aufführt. Dann freust du dich vielleicht sogar für diese Tänzerin, diesen Tänzer, wenn sie oder er auf diese Weise einen Tanzpartner findet.

Wenn wir uns also in der Fülle fühlen, fällt es uns leichter, uns auch an der Fülle anderer zu erfreuen. Wie wäre es demnach, wenn wir uns immer dann, wenn ein Gefühl von Neid oder Missgunst aufkommt, daran erinnern würden, wo wir denn überall schon selbst in der Fülle sind und deshalb diesem Menschen gönnen mögen, ganz viel Liebe, Aufmerksamkeit oder auch Likes zu bekommen?

Stell dir vor, wie du diesem Menschen sagen würdest: «Willkommen im Club der Geliebten, der Genießer und der positiv Denkenden!» Und auf einmal wird es dir viel leichter fallen, dich auch für diesen Menschen und die Aufmerksamkeit, die er bekommt, zu freuen.

Um deine Fülle zu spüren, möchte ich mit dir eine Anleitung durchgehen. Notiere dir drei Bereiche deines Lebens, in denen du dich so dermaßen in der Fülle fühlst:

Bereich	**Was macht die Fülle aus?**	**Wofür bist du dankbar?**
Beispiel: Familie	*Meine Kinder*	*Dass wir alle gesund sind*
1.)		
2.)		
3.)		

Streit

Als Hypnosetherapeut habe ich in den letzten zehn Jahren über 5'000 Menschen therapiert. Dabei kam eine rein therapeutische Erfahrung von mehr wie 10'000 Stunden zusammen.

Dabei sieht man immer wieder gewisse Parameter, die bei vielen Menschen sehr ähnlich oder gar gleich sind. So oft auch unsere Grundängste: die Angst, keine Kontrolle zu haben, die Angst, nicht zu genügen, und die Angst, allein zu sein.

Wenn die Klienten im Rahmen der Hypnosetherapie diesen Grundängsten nachspürten – also herausfinden wollten, in welchen Momenten diese Ängste geprägt wurden –, so gelangten sie oft in einen Moment aus der Kindheit, einen Moment, den wir alle als Erwachsene in der Rückblende gar nicht als so prägend beurteilen würden. Und doch war dieser Moment für das Unterbewusstsein der jeweiligen Kinder von teils zentraler, prägender Bedeutung.

Ich bin mir sicher, dass du nun bereits rätselst, welcher Moment das wohl gewesen sein mag. Und ich kann dir eines bereits vornweg sagen: Auch du kennst höchstwahrscheinlich diesen einen Moment. Denn kaum ein Kind hat das nicht erlebt. Folgende Frage stellt sich jedoch: Bei welchem Kind hat so ein Augenblick tiefe seelische Narben hinterlassen? Und bei welchem Kind nur kleine oder gar keine Narben?

Müsste ich eine Liste führen der prägenden Momente, in die das Unterbewusstsein meiner Klienten sie allmählich ganz von selbst hineingeführt hat, so würde folgende Prägung in Hinblick auf die Häufigkeit in der Therapie eindeutig Platz 1 besetzen: streitende Eltern.

Ja, du hast richtig gelesen: streitende Eltern.

Ja, selbstverständlich ist es für ein Kind auch prägend, wenn die Eltern sich direkt mit ihm selbst streiten. Doch bei diesem Streit hat das Kind immerhin noch ein wenig Kontrolle, denn mit seinen Reaktionen und Verhaltensweisen – zum Beispiel, wenn es zurechtgewiesen wurde – kann das Kind mitbestimmen, welche Richtung der Streit nimmt. Die Angst vor dem Kontrollverlust wird dadurch nicht so stark genährt. Das ist ganz anders, wenn sich die beiden Menschen streiten, die das Kind am meisten liebt: Mama und Papa.

Mit der Sicht eines erwachsenen Menschen auf einen solchen Streit vermuten wir, dass es ja für das Kind kaum tragisch sein kann, wenn sich die Eltern mal streiten. Wir glauben, dass es das Kind ja nicht eigentlich betrifft und dass der Moment deshalb ja auch nicht so prägend sein kann. Doch da täuschen wir Erwachsenen uns. Für ein Kind ist eine solche Situation schier unerträglich und kann sehr wohl prägend sein.

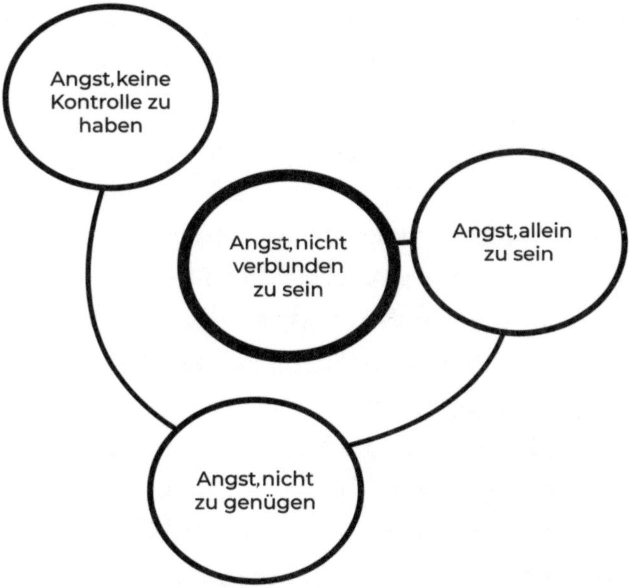

Wie in der Situation der streitenden Eltern alle drei Grundängste genährt werden, erkläre ich an dieser Stelle direkt:

Die Angst, keine Kontrolle zu haben: Das Kind kann den Streit der Eltern nicht kontrollieren. Manche Kinder versuchen, den Streit zu lenken, indem sie etwas Dummes anstellen, sodass die Eltern nun auf sie wütend sind. Und können so den Streit zumindest selbst wieder beeinflussen. Doch dass das Kind auf diese Weise keinen Frieden herbeiführen kann, kann zur Folge haben, dass dieses Kind später eben alles tut, um für Frieden zu sorgen, weil es immer noch glaubt, dass es sonst schon bald wieder zu einem Streit kommen wird, den auch der oder die Erwachsene wieder nur schwer beeinflussen kann.

Die Angst, nicht zu genügen: Das Kind fühlt sich nicht geliebt oder nicht wichtig genug, sobald während eines Streits Drohungen ausgesprochen werden oder sogar ein Elternteil das Zuhause verlässt. Mit Drohungen sind Aussagen gemeint wie *«Na gut, wenn es dir nicht mehr passt, dann packe ich halt meine Koffer und gehe!»*. Im Umkehrschluss bedeutet dies für ein Kind, dass es nicht wichtig genug ist, damit Vater oder Mutter in der Beziehung bleiben. Denn für das Kind heißt «gehen» ja auch, dass es verlassen wird. Es weiß noch nichts von Sorgerecht, von Besuchsrechten und allen möglichen anderen Regeln.

Die Angst, allein zu sein: Mit das Allerwichtigste für ein Kind ist die Verbundenheit. Letztendlich wuchsen wir alle in der Verbundenheit heran! Dank dieser Verbundenheit konnten wir überhaupt überleben. Ein Überleben scheint dem Kind also nur dann möglich zu sein, wenn es verbunden ist. Ein Kind ist noch völlig auf diese Verbundenheit und die Hilfe der Erwachsenen angewiesen. Wenn die Eltern nun streiten, so befürchtet das Kind, mit einem der beiden Elternteile nicht mehr verbunden bleiben zu können – oder sogar mit keinem von beiden mehr verbunden zu sein, wenn infolge des Streits vielleicht sogar beide gehen.

Das Kind hat also Angst, allein gelassen zu werden, und diese Angst mündet dann besonders schnell in der Angst, nicht mehr verbunden zu sein. Denn wenn man ganz allein gelassen wird, dann ist man in just diesem Moment auch nicht mehr verbunden.

Hier nun ein Trost für alle Eltern, die sich jetzt gerade hintersinnen: Macht euch keine Vorwürfe. Ich hoffe und gehe davon aus, dass ihr euer Bestes gegeben habt. Und Streit kann einem Kind auch eine Streitkultur beibringen und sogar einen positiven Effekt auf das Kind haben – nämlich immer dann, wenn das Kind lernt, dass es zwar Meinungsverschiedenheiten gab, dass man aber letztendlich wieder in den Frieden miteinander gelangt ist und einander sagen kann, dass man sich liebhat und vielleicht sogar aus dem Streit etwas Positives für das gemeinsame

Leben mitnehmen konnte. Ja, Streit kann unser Unterbewusstsein in der Tat lehren, dass am Ende wieder alles gut wird.

Problematisch wird es dort, wo sich ein Streit so sehr chronifiziert hat, dass das Kind diesen positiven Lernprozess nur noch schwer für sich mitnehmen kann – wenn Eltern täglich streiten, ständig streiten. Wenn Streit an der Tagesordnung ist, wenn die Eltern einander ständig beschimpfen und provozieren. Infolge dieser Chronifizierung versucht natürlich das Kind, Bewältigungsstrategien zu entwickeln, doch diese können nicht immer förderlich sein für das Kind, zum Beispiel, wenn es nicht mehr weiterweiß, sich ständig in seinem Zimmer einschließt und die Musik laut aufdreht.

Im besten Falle wird das Kind in diesen Momenten lernen, dass es keinen Sinn hat, eine toxische Beziehung beeinflussen zu wollen. Das kann dem späteren Erwachsenen vielleicht sogar mal im Privatleben oder Berufsalltag dienlich sein. Im schlechtesten Fall aber wird das Kind beispielsweise sozial inkompatibel oder besonders introvertiert; es verschließt sich und fürchtet sich davor, sich in eine Gruppe zu integrieren vor lauter Angst, später wieder aus der Gruppe ausgeschlossen zu werden, weil diese seine Minderwertigkeit erkannt hat.

Auf jeden Fall sollten wir uns eine gesellschaftliche Grundproblematik diesbezüglich genauer anschauen – und einen möglichen Zusammenhang mit dem ewigen Streit als Prägung: nämlich die Unfähigkeit, «Nein» sagen zu können!

In unserer Gesellschaft gibt es so viele Menschen, die nicht «Nein» sagen können. Und wenn man diese fehlende Fähigkeit unter die Lupe nimmt, so stellt man oft fest, dass diese Menschen schlicht und ergreifend Angst davor haben, in der Folge vom Gegenüber abgelehnt zu werden. Viele fürchten also dieses kleine Wort aus der Angst heraus, dem Gegenüber dann nicht mehr zu genügen, wieder das Gefühl erleben zu müssen, nicht zu genügen. Also sagen viele Menschen lieber einfach «Ja» – obschon, jedenfalls in der Regel, das Gegenüber paradoxerweise eben nicht den Menschen als genügend beurteilen wird, sondern lediglich sein Verhalten. Würden wir nämlich «Nein» sagen, und würden wir dann dem Menschen, zu dem wir «Nein» gesagt haben, tatsächlich immer noch genügen, so hätten wir auch die Gewissheit, dass wir als Mensch genügen – und nicht nur unsere Verhaltensweise.

Für unser Unterbewusstsein wäre es demnach heilsam, wenn wir in der Vorstellung unsere streitenden Eltern in die Arme schließen und uns vorstellen würden, wie es wäre, wenn die Eltern sagen würden, dass es ihnen leidtut und dass wir ihnen selbstverständlich mehr als nur genügen – auch dann, wenn wir nicht immer «Ja» zu allem sagen. Und dass sich Mama und Papa ebenso lieben, auch wenn sie hin und wieder miteinander gestritten haben.

Diese meine Analyse ist das Ergebnis von Tausenden von Hypnosetherapie-Sitzungen. Ich bin weder Pädagoge noch Psychologe und doch verstehe ich aufgrund meiner Erfahrung das Unterbewusstsein der Menschen besonders gut, denn genau dem habe ich mich verschrieben.

Wenn du also das nächste Mal wieder nicht «Nein» sagen kannst, so erinnere dich daran, dass ein «Nein» in diesem Fall sogar die dich wahrhaft liebenden Menschen sichtbar werden lassen würde. Und dass ein «Ja» vielleicht wieder nur eine Handlung ist, die aus der Angst heraus entsteht.

Stehe zu dir. Du bist wertvoll! Und wer dich mag oder liebt, so wie du bist, wird auch ein «Nein» aushalten können. Du sprichst das «Nein» ja gewiss liebevoll aus, oder auch ein bisschen verpackt, vielleicht mit einer freundlichen Begründung. Jedenfalls nicht so, dass es dein Gegenüber verletzt. Und dann muss es ein «Nein» geben dürfen.

Jedes akzeptierte «Nein» wäre dann ein «Ja» für die Echtheit der Liebe!

N-E-I-N

Vier Buchstaben. Vier einfache Buchstaben. Und dennoch bereitet es so viel Mühe, sie auszusprechen. Die meisten Menschen scheuen sich davor, diese vier Buchstaben auszusprechen, weil sie ihr Gegenüber enttäuschen könnten. Grundsätzlich sieht der Mensch viel zu oft davon ab, andere Menschen auch mal zu enttäuschen. Obwohl jemanden gelegentlich mit einem «Nein» zu enttäuschen im Grunde etwas enorm Positives wäre: Das Gegenüber täuscht sich selbst und lebt in einer Art Traumwelt, und nun musst du diese Traumwelt in einem gewissen Sinne aufheben, sprich, das Gegenüber dazu anregen, mit der Selbsttäuschung aufzuhören: sich zu ent-täuschen.

Und doch überwiegt bei vielen die Angst davor, was das Gegenüber in der Konsequenz der Enttäuschung tun könnte: einem verlassen, verletzen – eben *enttäuschen.*

Viele wollen also eigentlich das Gegenüber nicht enttäuschen, weil sie Angst davor haben, *selbst* enttäuscht zu werden. Also bleiben die an dieser Situation beteiligten Menschen lieber in ihrer Täuschung, obschon sie an und für sich wissen, dass die Beziehung, so wie sie sie führen, nicht echt ist.

Beziehungen – egal ob berufliche Beziehungen, freundschaftliche Beziehungen oder Liebesbeziehungen – sind besonders dann wahrhaft und echt, wenn die in diesen Beziehungen lebenden Menschen einander alles sagen können, in dem Wissen, dass der Kern bleibt: die Wertschätzung der eigenen und der anderen Person.

Und schon erkennen wir, dass es uns oft schwerfällt, zwei Vorstellungen voneinander getrennt zu beurteilen: die Person und ihr Verhalten.

Jemand, der uns im Straßenverkehr die Vorfahrt nimmt, ist direkt ein A******ch. Wir ziehen also direkt aufgrund einer Verhaltensweise Schlüsse bezüglich der Person. Das ist menschlich. Und doch sollten wir uns hierbei öfters mal selbst in die Kritik nehmen. Weshalb ist dieser Verkehrsteilnehmer sofort ein A******ch, wo wir doch noch nicht einmal wissen, ob es sich um einen Mann oder eine Frau handelt, wie jung oder wie alt dieser Mensch ist und weshalb er oder sie dieses Verhalten gezeigt hat? Die Antwort lautet: Weil es für unser Steinzeitgehirn offenbar sinnvoller und ökonomischer ist, lieber einmal zu viel zu urteilen als einmal zu wenig. Und in diesem Menschen direkt ein moralisches A******ch zu sehen, scheint offenbar für unser Überleben nützlicher zu sein. Denn es könnte ja sein, dass er später absichtlich auf die Bremse steigt und wir dann in einen Auffahrunfall verwickelt werden.

Aber: Es könnte auch sein, dass dieser Mensch vielleicht gerade die allererste Autofahrt nach der Fahrprüfung hat, die erste Fahrt ohne Expertin oder Experten auf dem Beifahrersitz. Und er ist nun so aufgeregt und hat in der Nervosität zu schnell aufs Gaspedal getreten statt sachte zu bremsen.

Wüssten wir das – würden wir also die Geschichte hinter dem Vorfall kennen, über den wir uns so geärgert haben – so hätten wir auf einmal Verständnis und Mitgefühl und würden diesem Menschen liebend gerne die Vorfahrt schenken.

Genauso wäre es, wenn wir wirklich die Menschen verstehen würden, die uns mit einem «Nein» enttäuschen, und ebenso wäre es, wenn uns unser Gegenüber verstehen würde, wenn wir auch mal ein enttäuschendes «Nein» formulieren müssen.

Wie können wir also unser Gegenüber so «enttäuschen», dass es nicht gleich sein sich verletzt fühlendes Steinzeithirn aktivieren muss?

Es gibt drei Möglichkeiten:

A) Du «nimmst» dem Gegenüber die Angst, die es im Zusammenhang mit deinem «Nein» empfinden könnte.

B) Du erklärst deinem Gegenüber deine Innenwelt/deine Geschichte und dass diese nichts mit deinem Gegenüber zu tun hat - was bedeutet, dass es für dein Gegenüber keinen Grund gibt, enttäuscht zu sein.

C) Du sagst das «Nein» weicher.

Natürlich fragst du dich nun, wie dies genau funktioniert. Dies erkläre ich dir gern:

A) Du «nimmst» dem Gegenüber die Angst, die es im Zusammenhang mit deinem «Nein» empfinden könnte.
Natürlich ist dir bewusst, dass du niemandem seine Angst nehmen kannst. Aber du kannst dein Gegenüber dazu einladen, aus der Angst zu gehen. Wenn du jedoch diese Variante für dein «Nein-Sagen» verwenden möchtest, um es deinem Gegenüber etwas leichter zu machen, dann musst du deine vollste Empathie für dein Gegenüber aufbringen, um herauszufühlen, welche Angst bei dem anderen Menschen am wahrscheinlichsten aufkommen könnte, wenn du nun «Nein» sagst. Dann ist es wichtig, dass du

auf deine ganz eigene authentische Art und Weise versuchst, deinem Gegenüber durch die Blume zu sagen, dass es diese eine Angst nicht zu haben braucht. Manchmal kann es auch Sinn ergeben, diesen Aspekt direkt anzusprechen und auf diese Weise der Angst des Anderen sozusagen den Wind aus den Segeln zu nehmen.

Ein Beispiel: Du möchtest deinem Gegenüber auf dessen Einladung hin kurzfristig absagen.

Die Angst, die du bei diesem Menschen vermutest, wenn du einfach «Nein» sagen würdest, ist die Angst, dass du mit deinem Gegenüber nichts zu tun haben oder dich zumindest von ihm distanzieren möchtest.

Dieser Angst kannst du zuvorkommen, indem du deinem Gegenüber beispielsweise sagst: «Ich will, dass du weißt, dass ich immer sehr gern mit dir etwas unternehme und dass mir das große Freude macht. Doch leider kann ich diesmal nicht und muss kurzfristig absagen. Das tut mir leid, aber ich freue mich schon auf das nächste Mal!»

B) Du erklärst deinem Gegenüber deine Innenwelt/deine Geschichte und dass diese nichts mit deinem Gegenüber zu tun hat – was bedeutet, dass es für dein Gegenüber keinen Grund gibt, enttäuscht zu sein.

Eine andere Möglichkeit ist, dass du deinem Gegenüber erklärst, was sich in dir abspielt, sodass dein Gegenüber für deine Situation mehr Verständnis hat und dein «Nein» von sich aus nicht mehr persönlich nimmt. Nützlich kann es hier auch sein, deinem Gegenüber zu erlauben, dir zu helfen – nicht zuletzt durch das Akzeptieren deines «Nein».

Schauen wir auf das Beispiel oben, wie du deinem Gegenüber auf dessen Einladung hin kurzfristig absagen kannst. Hier nun könnte deine Absage wie folgt lauten: «Ich habe mich zuerst beinahe nicht getraut, dich zu fragen. Aber könntest du mir helfen, indem wir unser Essen kurzfristig verschieben? Ich habe gerade eine Situation mit meiner Freundin, die mir wichtig ist, weil ich Angst habe, sie könnte glauben, sie wäre nicht wichtig genug für mich, weil ich sie schon gestern alleingelassen habe und mit Freunden unterwegs war. Wäre es okay, wenn wir das Essen von heute auf morgen/nächste Woche verschieben?»

Wichtig ist bei den Optionen «A» und «B», dass die Nachricht nicht allzu lang ist. Denn je länger deine Nachricht ist, desto mehr erzeugst du – vielleicht auch gegen deinen Willen – den Eindruck, du müsstest deinem Gegenüber etwas beweisen. Bleibe authentisch, werde aber nicht allzu gewissenhaft.

C) Du sagst das «Nein» weicher.

Ja, es gibt tatsächlich weichere Optionen für das Wort «Nein». Bloß möchte ich dir hier Tipps mitgeben, damit du mit diesen weicheren Versionen richtig umgehst.

Die Optionen:

- **weniger**
- **unvorteilhafter**
- **nicht**

Diese Optionen allein wären aber wohl nicht sehr viel leichter.

Einige Beispiele:
«Möchtest du immer noch mit mir etwas essen gehen?»
– ***«Weniger.»***
«Möchtest du immer noch mit mir etwas essen gehen?»
– ***«Unvorteilhaft.»***
«Möchtest du immer noch mit mir etwas essen gehen?»
– ***«Nicht wirklich.»***
«Möchtest du immer noch mit mir etwas essen gehen?»
– ***«Nicht.»***
«Möchtest du immer noch mit mir etwas essen gehen?»
– ***«Besser nicht.»***

Du siehst, dass diese weicheren Optionen die Absage noch nicht viel leichter machen. Deshalb brauchen wir Hilfsworte. Das sind Worte, die etwas mehr Abstand zur Bewertung schaffen. Worte, welche die Absage ein wenig «abfedern» mögen, sozusagen «Puffer-Worte» oder «Federungs-Worte».

«Puffer-Worte»:

- **eher**
- **wohl**
- **besser**
- **vielleicht**
- **beinahe**

So klingt unser Beispiel schon etwas besser:
«Möchtest du immer noch mit mir etwas essen gehen?»
– ***«Vielleicht weniger.»***
«Möchtest du immer noch mit mir etwas essen gehen?»
– ***«Eher unvorteilhaft.»***
«Möchtest du immer noch mit mir etwas essen gehen?»
– ***«Besser nicht.»***

Doch auch da merken wir, dass noch etwas mehr Puffer gut wäre. Hier werden nun «Kontext-Worte» wichtig. Dies sind Worte, die einen Bezug schaffen und auch die Begründung einleiten:

«Kontext-Worte»

- **aktuell (Zeit/Situation)**
- **hier (Ort)**

Betrachten wir nun unser Beispiel, sehen wir, dass es inzwischen noch «weicher» wurde:
«Möchtest du immer noch mit mir etwas essen gehen?»
– ***«Aktuell vielleicht weniger.»***
«Möchtest du immer noch mit mir etwas essen gehen?»
– ***«Hier eher unvorteilhaft.»***
«Möchtest du immer noch mit mir etwas essen gehen?»
– ***«Aktuell anlässlich meiner Beziehungssituation besser nicht.»***

Und schon erkennst du, dass direkt ein Verständnis vom Gegenüber erarbeitet wird, weil du nicht mehr die Person in den Fokus stellst, sondern die Gründe, die das Ganze von der Person ablösen.

Wenn du dann noch deine möglichst wahre Begründung anhängst, kann dein Gegenüber kaum anders, als dir Verständnis entgegenzubringen. Besonders wichtig scheint mir, dass die Begründung, die du lieferst, deinem Gegenüber verständlich macht, dass dies der eigentliche und wahrhaftige Grund ist. Versuche, so ehrlich wie möglich zu sein, ohne dabei dein Gegenüber verbal zu verletzen.

Du kannst es ja – wie hier gemeinsam durchgespielt – etwas sanfter formulieren.

Selbstverständlich hast du auch die Möglichkeit, die unterschiedlichen Optionen zu verbinden. Zum Beispiel die Optionen «A» und «C»:

A: *«Ich will, dass du weißt, dass ich immer sehr gerne mit dir etwas unternehme und dass mir das große Freude macht, doch leider kann ich nun doch kurzfristig nicht. Es tut mir leid, aber ich freue mich schon auf das nächste Mal!»*

C: *«Heute also leider doch eher unvorteilhaft.»*

Oder du verbindest die Optionen «B» und «C»:

B: *«Ich habe mich zuerst beinahe nicht getraut, dich zu fragen. Aber könntest du mir helfen, indem wir unser Essen kurzfristig verschieben? Ich habe gerade eine Situation mit meiner Freundin, die mir wichtig ist, weil ich Angst habe, sie könnte glauben, sie wäre nicht wichtig genug für mich, weil ich sie schon gestern alleingelassen habe und mit Freunden unterwegs war. Wäre es okay, wenn wir das Essen von heute auf morgen/nächste Woche verschieben?»*

C: *«Deshalb aktuell anlässlich meiner Beziehungssituation besser nicht.»*

Die Menschen sagen dir vielleicht, dass du ein klares «Nein» aussprechen können musst, doch das ist nicht so. Ein abgrenzendes, klares «Nein» kann logisch verletzend sein. Und insbesondere empathische und feinfühlige Menschen können ein «Nein» oft nicht so konsequent aussprechen, ohne dabei auch selbst etwas mitzuleiden. Deshalb ist es vollkommen in Ordnung, wenn man ungern klar und deutlich «Nein» sagt und eine Absage lieber etwas sanfter formuliert und emotionale Puffer einbaut.

Entwickle einen eigenen Umgang mit dem Wort «Nein».

Es kann eine äußerst schöne Stärke sein, wenn man andere nicht mit einem klaren «Nein» verletzen möchte.

Erkenne, dass also auch jede Schwäche etwas extrem Schönes in sich trägt.

Doch auch «Nein» sagen zu können, ist extrem schön, wenn man sich und seine Liebsten derart gut beschützen und für sich und seine Liebsten einstehen kann.

Die meisten können besonders gut für andere «Nein» sagen, weniger aber für sich selbst. Wow, das bedeutet, dass sie sich selbst für die anderen zurückstellen. So schön! Einen größeren Liebesbeweis gibt es nicht!

Wer so stark lieben kann, muss ganz viel Liebe in sich tragen!

Sei du selbst!
Und erkenne, wie **liebe**voll du bist!

Den Eltern genügen

Viele Menschen laufen mit einem Programm durch die Welt. Einem Programm in ihrem Unterbewusstsein. Denn das Unterbewusstsein vieler Menschen hat sich bestimmte Ereignisse aus der Vergangenheit gemerkt. Und wenn etwas in der Gegenwart wieder an diese Ereignisse erinnert, schaltet das Unterbewusstsein auf Alarmstufe Rot. Eigentlich tut es das, um uns davor zu bewahren, ein solches Ereignis erneut durchleiden zu müssen. Nur täuscht sich eben dieses Programm im Unterbewusstsein allzu oft und vermittelt den Eindruck, der aktuelle Moment wäre derselbe - oder würde dieselbe Gefahr mit sich bringen - wie jener vielleicht schon lang vergangene Moment, der aber nun wieder präsent ist.

Der Mensch wird also immer wieder getriggert. Ein Trigger ist ein Schlüsselreiz, der an ein vergangenes Erlebnis erinnert. Und zu diesen vergangenen Erlebnissen gehören auch manche Situationen aus der Kindheit, als man das Gefühl hatte, der Mutter oder dem Vater nicht genügt zu haben.

Doch wie kommt es eigentlich, dass so viele Eltern ihren Kindern das Gefühl vermitteln, diese würden nicht genügen?

Der Grund liegt in den Verletzungen der Eltern. Denn viele Eltern haben ihre eigene Kindheit noch nicht aufgearbeitet. Und wenn sie dann eigene Kinder bekommen, neigen sie dazu, sich in diese hineinzuprojizieren.

Selbstverständlich wissen wir mittlerweile – in unserem modernen Zeitalter – dass jeder und jede im Laufe seines oder ihres Lebens die Geschlechtsidentität selbst bestimmen kann.

Und dennoch bleibt nun mal die Tendenz, dass Väter sich eher in ihre Söhne projizieren und Mütter eher in ihre Töchter.

In gewissen Kulturen wird das sogar zelebriert: So müssen in manchen Ländern dieser Welt beispielsweise die Söhne den Namen des Vaters annehmen. Und schon ein Blick in die Vereinigten Staaten zeigt uns, dass auch dort viele Söhne den Namen des Vaters tragen – mit dem Zusatz «Junior».

Eine solche Tradition sehe ich als sehr problematisch an, weil auf diese Weise die Tendenz, sich als Elternteil in das gleichgeschlechtliche Kind hineinzuprojizieren, unverhältnismäßig verstärkt wird. Und so kann das Unterbewusstsein eines Vaters, der einen Sohn erwartet und diesen schließlich in seinen Armen hält, glauben, dass es sein eigenes kleines Ich vor sich sieht. Sein inneres Kind.

Und eine Mutter, die ihre Tochter im Arm hält, läuft Gefahr, sich selbst in dieses kleine Mädchen hineinzuprojizieren – und es in der Folge auch mit dem eigenen kleinen Ich zu verwechseln. Ihrem inneren Kind.

Denn es ist so: Wenn das Unterbewusstsein immer noch in einer kindlichen Verletzung feststeckt – weil diese Verletzung bis ins Erwachsenenalter hinein nie erkannt und geheilt wurde –, so ist die Gefahr sehr groß, dass man dann beim eigenen Kind glaubt, man könnte nun die noch nicht verheilten Wunden in diesem Kind heilen. Dabei weiß dieses Kind überhaupt nichts von all diesen Wunden.

So müssen viele Kinder für die fehlende Therapie der Eltern den Kopf hinhalten. Die Eltern therapieren ihre eigene Vergangenheit – in ihren Kindern. Was dann wiederum für die Kinder höchst prägend ist. So kennen wir alle das Phänomen, dass Kinder das tun und verwirklichen sollen, zu dem ihre Eltern aus den verschiedensten Gründen nicht imstande waren.

Und so werden diese Kinder entweder überbehütet – was für sie auch enorm beengend und bedrängend sein kann. Oder sie erfahren sehr große Strenge in der Erziehung – einen Druck, all das zu erlangen, was die Eltern eigentlich in ihrer Kindheit oder Jugend hatten erreichen wollen.

Auch besteht die Gefahr, dass ein Elternteil durch sein Kind an das eigene innere Kind erinnert wird – aber nicht an dessen Kindheit erinnert werden möchte. In diesen Fällen erfährt ein Kind oftmals eine für es selbst unbegründete und unverständliche Ablehnung.

Es gibt jedoch auch eine mögliche Tendenz in die andere Richtung: Wenn Eltern sich selbst nicht in ihren Kindern widergespiegelt sehen, sich dies aber wünschen. Dies ist mitunter dann der Fall, wenn das Kind das entgegengesetzte Geschlecht aufweist und spürt, dass das entsprechende Elternteil sich nicht mit ihm identifizieren kann.

Wenn also beispielsweise ein Vater in seiner Tochter nicht sein eigenes inneres Kind wiederfindet. Die Tochter spürt das und glaubt, dass der Vater lieber einen Jungen bekommen hätte. Und vielleicht hat der Vater sogar verletzende Worte ausgesprochen, überdies gesagt, dass er lieber einen Jungen gehabt hätte. Doch das ist in diesen Fällen gar nicht wahr: Der Vater hätte nicht lieber einen Jungen gehabt, sondern er wollte nur sich selbst begegnen. Er wollte sein eigenes kleines Ich wiederfinden.

Und hätte er einen Jungen bekommen, so hätte er sich selbst getäuscht, indem er geglaubt hätte, endlich sein eigenes kleines verletztes Ich in den Armen zu halten. Und der Junge hätte nur bedingt eine eigene Identität aufbauen können, denn er hätte die Identität des Vaters (als Junior) annehmen und – wer weiß – vielleicht sogar später einmal das Geschäft des Vaters oder dergleichen übernehmen müssen. An dieser Stelle pflege ich zu sagen, dass ich für das Mädchen sehr froh bin, denn als Mädchen konnte sich dieses Kind wenigstens zu einem eigenständigen Individuum entfalten.

Natürlich gibt es diese Möglichkeit auch mit Müttern und Söhnen. Es gibt Frauen, die ein Kind erwarten und sich wünschen, es würde ein Mädchen, weil sie sich erhoffen, ihrem eigenen kleinen verletzten Selbst wiederzubegegnen. Wenn sie Söhne bekommen, spüren diese dann auch, dass ihre Mütter lieber eine kleine Prinzessin gehabt hätten. Doch auch hier gilt: Die Mütter wollten gar keine Prinzessin. Sie wollten nur sich selbst vervollständigen.

Hätten die Mütter ihr eigenes kleines Ich bei sich, und hätten sie so auch ihre Verletzungen geheilt, so wäre es ihnen völlig egal, ob das Kind, das sie erwarten, männlich oder weiblich ist. Das gilt für die Väter ebenso: Wenn sie ihr eigenes kleines Ich bei sich hätten, würde auch für sie das Geschlecht ihres Kindes überhaupt keine Rolle spielen.

Doch weil Kinder spüren, dass Vater oder Mutter gern dem eigenen inneren Kind begegnen möchten, beginnen sie womöglich entgegengeschlechtliche Züge anzunehmen, damit es dem jeweiligen Elternteil leichter gelingt, sich im Kind wiederzufinden, und sich das Kind so auch geliebter fühlt. So gibt es also Mädchen, die maskuline Züge annehmen, weil sie spüren, dass dem Vater dann die Identifikation leichter gelingt. Dadurch entwickeln sie unbewusst den Glaubenssatz, mehr männliche Anteile aufweisen zu müssen, um geliebt zu werden.

Und Jungen, die spüren, dass die Mutter ihrem kleinen Ich begegnen möchte, könnten womöglich mehr feminine Züge annehmen, weil sie spüren, dass der Mutter auf diese Weise die Identifikation leichter fällt.

Solche Züge sind oft mit Glaubenssätzen verknüpft, und diese können über viele Jahre und Jahrzehnte für diesen Menschen gültig bleiben. Manche Kinder, die inzwischen längst erwachsen sind und in Beziehungen leben, glauben womöglich immer noch, bestimmte Züge aufweisen zu müssen, um geliebt zu werden.

Doch es ist auch möglich, dass ein gleichgeschlechtliches Elternteil das Kind eine Form der Ablehnung spüren lässt, weil es dem Elternteil schwerfällt, sich in das Kind zu projizieren. Dies ist beispielsweise dann der Fall, wenn das Kind zu glücklich ist, als dass das Elternteil in diesem Kind das eigene traurige und verletzte Selbst wiederfinden kann. Kinder sind nun mal von Natur aus einfach glücklich – eine einzigartige Tatsache und etwas, das den meisten Erwachsenen fehlt: die kindliche Unbeschwertheit.

Es gibt aber beispielsweise auch Väter, die wütend werden, wenn ihre Söhne zu glücklich sind, weil sie sich dann in ihnen nicht wiederfinden können. Also versuchen sie, ihre fröhlichen Söhne traurig zu machen, sodass sie sich wieder in ihnen widerspiegelt sehen können. Um dann vielleicht ihre Söhne zu heilen. Doch sie wollen im Grunde nicht ihre Söhne heilen, sondern nur sich selbst.

Ein weiteres Phänomen erleben wir dann, wenn ein gleichgeschlechtliches Elternteil sich in seinem Kind wiederfinden kann, dies aber nicht möchte, weil der dadurch zustande kommende Blick in die eigene Vergangenheit viel zu sehr schmerzt. Ebenso, wie wenn dich etwas beschäftigt und du nicht darüber sprechen möchtest, weil es zu fest schmerzt. Ähnlich geht es diesen Müttern und Vätern.

Diese Väter oder Mütter wollen nicht an die Verletzung von damals erinnert werden. Das spüren die Kinder auch – und verstehen es als Ablehnung oder als nicht vorhandene Annahme.

Wenn also Eltern keinen vollen Liebestank haben, weil sie immer noch an Verletzungen aus ihrer Kindheit leiden, dort hängen geblieben und deshalb im Hier und Jetzt nicht vollständig sind, können sie womöglich auch nicht die ganze Liebe an ihre Kinder weitergeben.

Wer körperlich nicht vollständig ist, kann auch nicht alle Bewegungen und Sportarten in ihrer ganzen Fülle ausleben.

Jemand, der kognitiv nicht vollständig entwickelt ist, hat womöglich kognitive Einschränkungen und Schwierigkeiten.

Und so ist es auch mit der Unvollständigkeit des Unterbewusstseins: Wer mit dem Unterbewusstsein nicht im Hier und Jetzt ist, sondern immer noch in der Vergangenheit verharrt, ist nicht vollständig. Ist nicht verbunden mit dem eigenen inneren Kind. Und deshalb fehlt solchen Menschen oft auch die Fähigkeit, ihre Liebe im vollen Umfang weiterzugeben.

Es ist, wie wenn man wenig Essen hat. Dann kann man das Essen nur schwer teilen.

Es ist, wie wenn man wenig Geld hat. Dann kann man nicht viel Geld spenden.

Ebenso ist es mit der Liebe: Wenn das eigene innere Kind noch nicht viel Liebe erfahren hat, ist es für die betroffenen Menschen tendenziell schwieriger, Liebe in vollen Zügen weiterzugeben.

Deshalb sollte man sich fragen: Wäre es nicht im Grundsatz wichtig zu versuchen, drei magische Regeln stets einzuhalten?

1.) **Als Mutter oder Vater sollte man eine Therapie machen und so das eigene innere Kind stets in sich fühlen können,** damit es nicht in den eigenen Kindern widergespiegelt werden muss.

2.) **Man sollte es dem Kind überlassen, wann es sich mit welchem Elternteil identifizieren möchte.**

3.) **Man sollte sein Kind als eigenständige Seele ansehen** und nicht als kleine Version des entgegengesetzten Elternteils.

Denn weil Eltern dem Kind das Gefühl gegeben haben, dass es nicht genügte, so wie es war, entstanden Glaubenssätze, die vielfach Jahrzehnte später in meinen Hypnosetherapiesitzungen wieder umgeschrieben werden mussten.

Wenn das Gefühl nicht zu genügen schon so früh vorhanden ist, muss das Kind umso autogener werden, um positive Gefühle und Akzeptanz zu erarbeiten. Dadurch entstehen hoffentlich auch Ressourcen und Stärken. Aber dennoch finde ich, dass es jedes Kind verdient, geliebt zu werden wie es ist. Als eigenständiges Individuum und nicht als das inkarnierte oder nicht inkarnierte innere Kind der Eltern.

Meine Mutter hatte immer ein Gedicht des Dichters Khalil Gibran neben unserer Eingangstür hängen. Der Spruch beginnt mit dem Satz: «Eure Kinder sind nicht eure Kinder. Sie sind die Söhne und die Töchter der Sehnsucht des Lebens nach sich selber.»

DANKE Mämi!

Eure Kinder

Eure Kinder sind nicht eure Kinder.
Sie sind die Söhne und die Töchter der Sehnsucht
des Lebens nach sich selber.
Sie kommen durch euch, aber nicht von euch,
Und obwohl sie mit euch sind, gehören sie euch doch nicht.

Ihr dürft ihnen eure Liebe geben,
aber nicht eure Gedanken,
Denn sie haben ihre eigenen Gedanken.
Ihr dürft ihren Körpern ein Haus geben,
aber nicht ihren Seelen,
Denn ihre Seelen wohnen im Haus von morgen,
das ihr nicht besuchen könnt,
nicht einmal in euren Träumen.

Ihr dürft euch bemühen, wie sie zu sein,
aber versucht nicht, sie euch ähnlich zu machen.
Denn das Leben läuft nicht rückwärts
noch verweilt es im Gestern.

Ihr seid die Bogen, von denen eure Kinder
als lebende Pfeile ausgeschickt werden.
Der Schütze sieht das Ziel auf dem Pfad der Unendlichkeit,
und er spannt euch mit seiner Macht,
damit seine Pfeile schnell und weit fliegen.
Laßt eure Bogen von der Hand des Schützen auf Freude
gerichtet sein;
Denn so wie er den Pfeil liebt, der fliegt, so liebt er auch
den Bogen, der fest ist.

Khalil Gibran

(06.01.1883, † 10.04.1931)*

	Elternteil (ET)	Kind	Spiegelung
1	Vater	Sohn	Ja
2	Vater	Tochter	Nein
3	Mutter	Tochter	Ja
4	Mutter	Sohn	Nein

Erwünschte Spiegelung des ET	Nicht erwünschte Spiegelung des ET
a.) • Überfürsorge • Strenge bei Diskrepanz	**b.)** Ablehnung
c.) Ablehnung / Widerstand	**d.)** Akzeptanz
e.) • Überfürsorge • Strenge bei Diskrepanz	**f.)** Ablehnung
g.) Ablehnung / Widerstand	**h.)** Akzeptanz

a.)

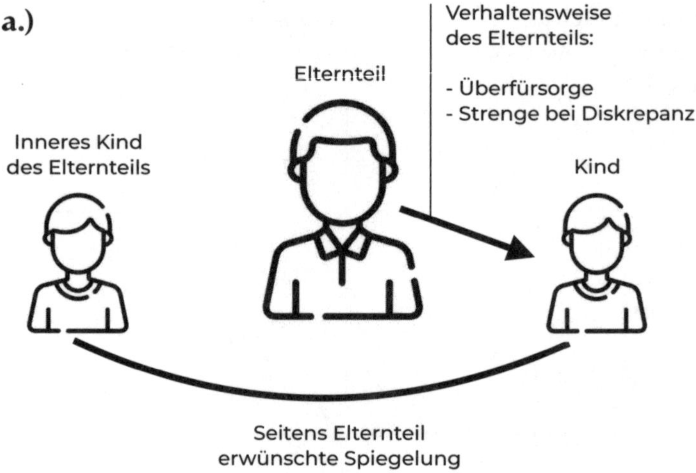
Verhaltensweise
des Elternteils:
- Überfürsorge
- Strenge bei Diskrepanz
Elternteil
Inneres Kind
des Elternteils
Kind
Seitens Elternteil
erwünschte Spiegelung

c.)

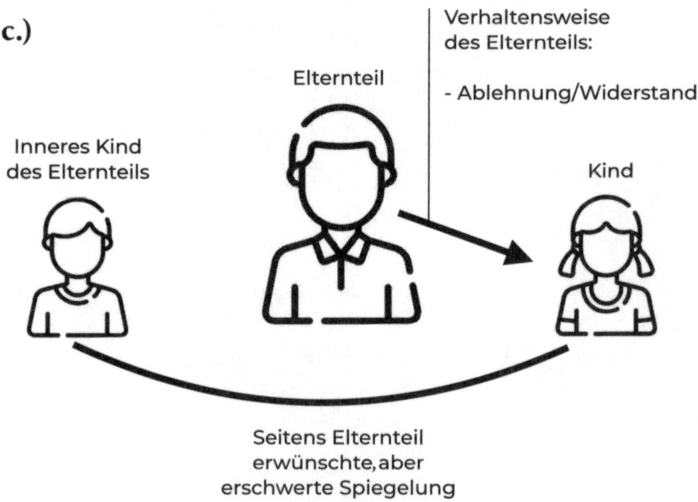
Verhaltensweise
des Elternteils:
- Ablehnung/Widerstand
Elternteil
Inneres Kind
des Elternteils
Kind
Seitens Elternteil
erwünschte,aber
erschwerte Spiegelung

b.)

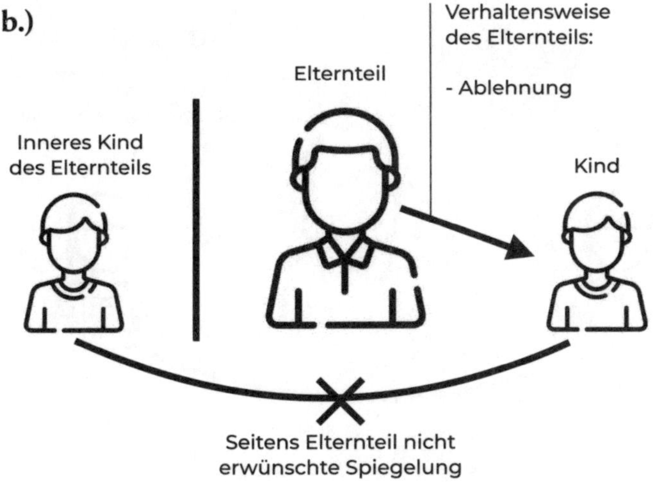
Verhaltensweise
des Elternteils:
- Ablehnung
Elternteil
Inneres Kind
des Elternteils
Kind
Seitens Elternteil nicht
erwünschte Spiegelung

d.)

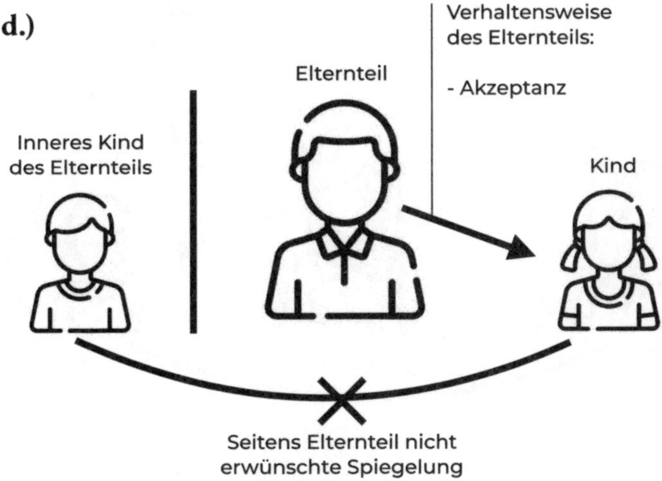
Verhaltensweise
des Elternteils:
- Akzeptanz
Elternteil
Inneres Kind
des Elternteils
Kind
Seitens Elternteil nicht
erwünschte Spiegelung

e.)

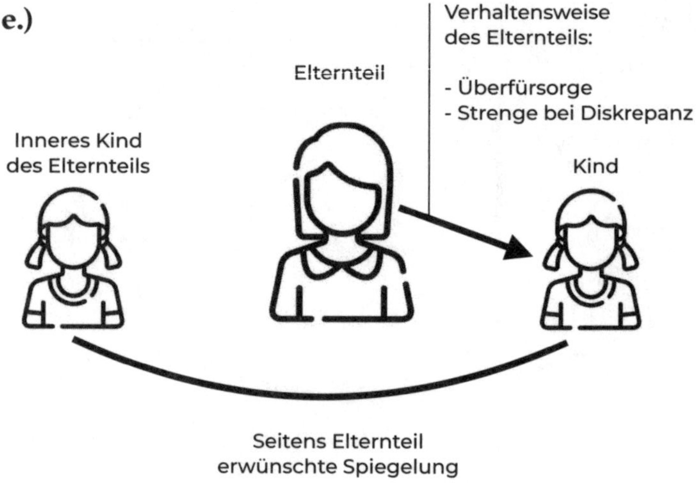
Verhaltensweise
des Elternteils:
- Überfürsorge
- Strenge bei Diskrepanz
Elternteil
Inneres Kind
des Elternteils
Kind
Seitens Elternteil
erwünschte Spiegelung

g.)

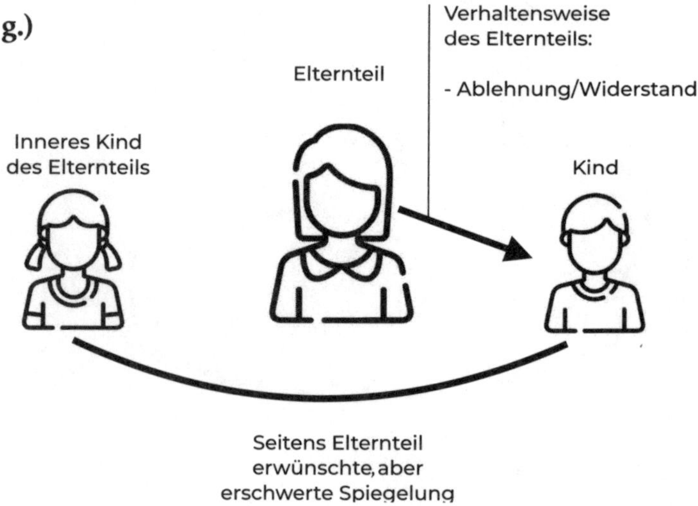
Verhaltensweise
des Elternteils:
- Ablehnung/Widerstand
Elternteil
Inneres Kind
des Elternteils
Kind
Seitens Elternteil
erwünschte, aber
erschwerte Spiegelung

f.)

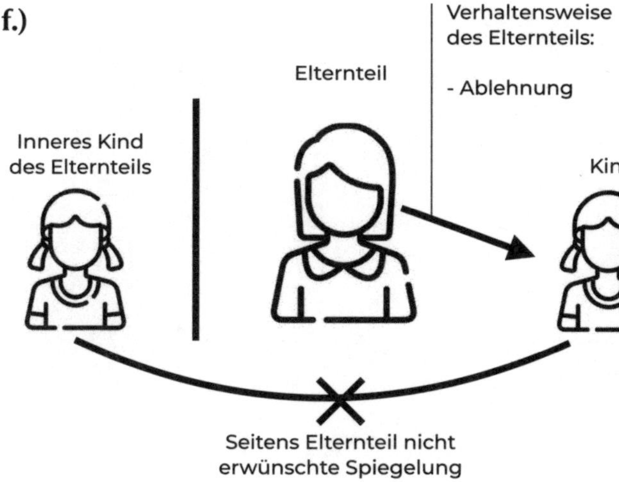

Verhaltensweise
des Elternteils:
- Ablehnung
Elternteil
Inneres Kind
des Elternteils
Kind
Seitens Elternteil nicht
erwünschte Spiegelung

h.)

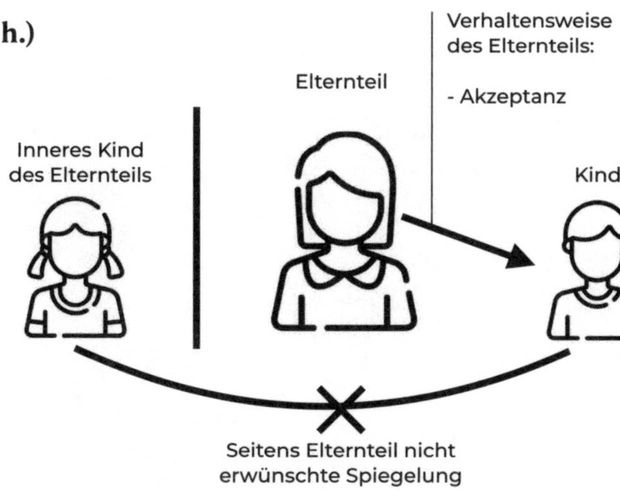

Verhaltensweise
des Elternteils:
- Akzeptanz
Elternteil
Inneres Kind
des Elternteils
Kind
Seitens Elternteil nicht
erwünschte Spiegelung

Reinszenierung

Kennst du das Phänomen des Ohrwurms? Man geht ja davon aus, dass der «Ohrwurm» ein Phänomen deines Unterbewusstseins ist. Wenn nämlich ein Musikstück abrupt beendet wird, weil du den Wagen oder den Raum verlässt, in dem es lief, so ist das Lied für dein Unterbewusstsein noch nicht vervollständigt. Und unser Unterbewusstsein wird ganz verrückt, wenn es mit in sich nicht vollständigen Dingen konfrontiert wird. Das glaubst du nicht?

Wie findest du das?

Na? Spürst du es schon?
Noch nicht?

Wie wäre es dann mit dem hier:

Immer noch nicht genug?

Wie wäre es dann mit dem hier:

Immer noch nicht genug?

Vielleicht kennst du das Gefühl aus der Schulzeit, wenn Lehrerin oder Lehrer die Wandtafel mit einem nassen Schwamm geputzt, aber dann eine einzige Stelle versehentlich ausgelassen haben. Am liebsten wäre man nach vorne gerannt und hätte diese eine Stelle auch noch gewischt.

Es ist also ein ganz natürlicher Mechanismus unseres Unterbewusstseins, die Dinge zu vervollständigen – nach dem Motto «Ganz oder gar nicht».

Ebenso ergeht es unserem Unterbewusstsein, wenn es ein Lied hört, dieses aber dann nicht zu Ende hören kann. Unser Unterbewusstsein singt diesen Song dann innerlich weiter. Es gibt auch Leute, denen ein Musikstück so gut gefällt, dass sie es selbst nochmals zu singen beginnen, obschon es eigentlich schon zu Ende war. Zum Ohrwurm wird das Lied aber erst dann, wenn es nicht zu Ende gesungen wird. Denn immer dann ist für das Unterbewusstsein noch etwas offen – eben nicht abgeschlossen.

In Hinblick auf den Ohrwurm leuchtet uns das ein, und es ist ja ein unterhaltsamer Fakt. Und doch gibt es dasselbe Phänomen auch in ganz anderen Bereichen unseres Lebens, in denen für unser Unterbewusstsein auch etwas nicht abgeschlossen ist: beispielsweise bei alten Konflikten, die emotional nie ganz gelöst wurden. Wenn für das Unterbewusstsein vergangene Konflikte nicht besprochen wurden und es noch keinen Frieden mit dem Gegenüber geben konnte, versucht das Unterbewusstsein, diesen Konflikt hier und da zu reinszenieren. Ebenso wie wenn man einen Song immer wieder summt. Genauso reinszenieren Menschen aus einer Verletzung heraus einen vergangenen Moment. Entweder tun sie das auf der kognitiven Ebene – das heißt geistig – oder aber sie versuchen diese Prägung in der Wirklichkeit zu reinszenieren.

So ist es nicht verwunderlich, dass sich beispielsweise Mädchen, die unter der Dominanz des Vaters litten, später Partner suchen, die eine vergleichbare Dominanz aufweisen, wie ihr Vater sie hatte. Diese Suche geschieht nicht auf bewusster Ebene. Das Unterbewusstsein entscheidet hier.

Oder Jungen, die unter der emotionalen Kälte ihrer Mutter litten, suchen sich, wenn sie erwachsen sind, tatsächlich tendenziell emotional kältere Frauen. Auch hier handelt es sich um Entscheidungen auf unbewusster Ebene.

Das Unterbewusstsein dieser Menschen sieht eine Möglichkeit, endlich einmal diese Ablehnung zu durchbrechen und die Liebe, die sie sich schon von klein auf gewünscht haben, endlich zu erlangen.

Denn das Unterbewusstsein glaubt: Wenn es die Liebe des Partners oder der Partnerin bekommt, steht dies auch repräsentativ für die Liebe des Vaters oder der Mutter.

Und der Clou an der Sache: Dafür ist es nötig, wieder in denselben Mangel zu gehen, in dem diese Menschen bereits lebten, als sie Kinder waren. Denn in nahezu jeder solcher Beziehung läuft es früher oder später darauf hinaus, dass der, welcher sich schon von seinem Elternteil verletzt fühlte, sich nun auch in der Beziehung nicht gut genug fühlt. Einer von beiden Beteiligten fühlt sich also während der Reinszenierung nicht genügend – wie auch schon in der Kindheit.

Denn um endlich die Rolle des nicht genügenden Menschen verlassen zu können, muss man ja *in* dieser Rolle sein. Und man kann erst aus einer Rolle ausbrechen, wenn man sich darin befindet. Also muss der Mensch wieder in denselben Mangel gehen, in dem er schon als Kind war. Und dann hören der Partner oft Sätze wie «Du hörst dich an wie mein Vater!» oder «Du bist genauso gefühlskalt wie meine Mutter!». Ja, tatsächlich war dies ja auch das Ziel des Unterbewusstseins: endlich wieder der Mutter oder dem Vater zu begegnen. Stellvertretend. Aber es war ja auch vorgesehen, dass es stellvertretend wirkt.

In solchen Momenten sollte der Part der Beziehung, der als Stellvertreterin für die Mutter oder Stellvertreter für den Vater dient, klipp und klar sagen: «Nein, ich bin nicht dein Vater!» Oder: «Nein, ich bin nicht deine Mutter!»

Dann sollte er oder sie den getriggerten Partner fragen, welche Eigenschaften denn die Mutter oder der Vater aufgewiesen hat. Und dann sollte der Part der Beziehung, dessen Verletzung nicht getriggert wurde, klar aufzeigen, wie sie oder er sich vom Vater oder der Mutter des oder der anderen unterscheidet. Es müssen Unterschiede aufgezeigt werden, sodass das Unterbewusstsein der Partnerin oder des Partners erkennt, dass in Zukunft kein Vergleich mehr möglich sein wird.

Man muss sich einfach darüber im Klaren sein, dass viele Menschen sich den Partner auf dieser Basis aussuchen: Sie suchen einen Partner, der ihnen ermöglicht, endlich diese oder jene alte Wunde zu heilen. Und wenn der Partner nun auf einmal deutlich zeigt, dass sie oder er nicht den Vater oder die Mutter verkörpert, so kann dies sogar zum Beziehungsabbruch führen. Manche Menschen sind durch ihr Unterbewusstsein und diesen inneren Sog, dieses Bedürfnis nach einer Heilung dieser Wunde, vor Schmerz so blind, dass sie ihren Traumpartner aufgeben für jemanden, die oder der sie an die Mutter oder den Vater erinnert.

Eine der wenigen sinnvollen Optionen: Therapie. In die eigene Vergangenheit schauen und diesen Konflikt rückwirkend innerlich lösen. Genau dafür habe ich eine ganz besonders schöne und intensive Form der Vergebungsarbeit entwickelt, die hypnotherapeutisch angewendet wird.

Faszinierend war hier, dass ich schon Menschen bei mir in der Therapie hatte, die jahrelang mit einem Elternteil verstritten waren und unmittelbar nach der Vergebungsarbeit auf einmal wie aus dem Nichts von diesem Elternteil kontaktiert wurden. Was durch diese tiefe Arbeit mit dem Unterbewusstsein geschieht, ist einfach nur erstaunlich!

So wollte beispielsweise eine Schülerin, welche die Vergebungsarbeit vor der Klasse mit mir durchführte, ihrem Vorgesetzten die Kündigung auf den Tisch legen. Nach der Vergebungsarbeit konnte sie diesen Konflikt mit ihm geistig lösen und wollte ihm am darauffolgenden Arbeitstag in Liebe begegnen. Als sie bei der Arbeit ankam, rief er sie auf sein Büro und sagte ihr, dass er sich viele Gedanken gemacht habe und dass er sich bei ihr entschuldigen wolle. Er habe ihr unrecht angetan und er wolle sie deshalb nun als Zeichen der Wertschätzung befördern.

Eine andere Klientin war über viele Jahre mit ihrer Mutter verstritten und hatte keinen Kontakt mehr mit ihr. Noch während der Vergebungsarbeit schrieb ihre Mutter ihr eine SMS mit der Bitte, mit ihr zu reden. Die Klientin weinte nach der Sitzung, so erlöst und berührt war sie.

Diese Vergebungsarbeit ist eines der Herzstücke meiner Arbeit. Und sie hat etwas ganz Besonderes an sich.

Wenn alle Menschen, die mit ihren Eltern einen immer noch vorhandenen Konflikt haben, diesen für sich therapeutisch lösen und auf diese Weise insbesondere die negativen Emotionen größtenteils verschwinden würden, so hätten sie inneren Frieden und innere Ruhe und müssten diese Prägungen nicht mehr in Beziehungen reinszenieren.

Natürlich gilt dies auch für andere Konflikte, wie beispielsweise Mobbing in der Schule. Wer dies für sich nicht emotional gelöst hat, sucht sich später vielleicht tendenziell Arbeitsteams aus, die wieder mobbende Eigenschaften aufweisen.

Schau in deine Vergangenheit. Nimm dein damaliges Ich in den Arm. Zeige dir selbst, dass du diese Verletzung mit deinen eigenen Ressourcen überwinden kannst.

Mach das aber in der Begleitung durch eine qualifizierte therapeutische Kraft.

Du kannst deine Gedanken ändern.
Du kannst deine Gefühle ändern.
Du kannst deine Vergangenheit rückblickend heilen.

Glaubenssätze umschreiben

Was fühlst du, wenn man zu dir sagt:

«Du siehst schön aus!»

Oder wenn man zu dir sagt:

«Du bist ein toller Mensch!»

Oder: *«Ich liebe dich!»*

Was bewirken diese Sätze in dir? Glaubst du sie? Du wirst nun wohl sagen, dass dies davon abhängt, wer dir diese Sätze sagt. Und an dieser Stelle möchte ich dich gedanklich gern weiterbringen: Denn wenn du dich selbst wirklich genial findest, so wie du bist, dann sollte es keine Rolle spielen, wer diese Worte spricht. Im Gegenteil: Es sollte dich eher zu innerlichem Kopfschütteln führen, wenn jemand das Gegenteil behaupten würde.

Du bist ein Wunderwerk. Und wie schon ganz zu Beginn erläutert: Du bist ein Kunstwerk, das es kein zweites Mal gibt.

Weshalb also glaubst du es nicht, wenn jemand zu dir sagt, dass du einfach bloß ein genialer Mensch seist? Im Grunde solltest du dann immer innerlich antworten: «Danke, ich weiß!» Oder fühlt sich das für dich eingebildet, arrogant oder überheblich an?

Überheblich kann es nur sein, wenn du dich deswegen anderen «über-hoben» respektive «über-legen» fühlst. Doch bloß weil du dich genial findest, sind doch andere nicht nicht genial.

Arrogant würde es nur dann sein, wenn du andere mit deiner Aussage abwerten würdest.

Und eingebildet kann es nur sein, wenn es nicht stimmen würde – was gewiss Blödsinn ist, denn du weißt ja genau, dass es stimmt – auch wenn andere der Meinung sind, du wärst nicht so toll, wie du dich selbst findest.

Du siehst also, dass deine Aussage absolut berechtigt ist – solange du andere auch wertschätzt.

Weshalb also glaubst du anderen Menschen nicht, wenn sie dir sagen, wie großartig du seist? Glaubst ihnen jedoch, wenn sie behaupten, dass du eben *nicht* großartig seist?

Es liegt an deinen Glaubenssätzen. Durch Mobbing in der Schule, durch Ausgrenzung, durch Bestrafung, durch Streitereien und andere Prägungen hast du begonnen, dir einzureden, dass andere Menschen intelligenter, schöner, kreativer, beliebter und grundsätzlich einfach besser wären. Doch das ist nicht wahr. Kein Mensch kann besser sein als du. Vielleicht kann ein Mensch in einem bestimmten Bereich mehr Wissen oder Talent haben als du. Du jedoch hast wiederum in einem anderen Bereich mehr Erkenntnisse als dieser Mensch.

Der Glaubenssatz, dass du nicht gut genug seist – sei es hinsichtlich eines bestimmten Schönheitsideals, des Intellekts oder der Beliebtheit – ist falsch. Doch der Glaubenssatz ist als ein Mechanismus deines Unterbewusstseins zu verstehen, der sich immer wieder präventiv aktiviert. Präventiv meint hier: Wenn er aktiviert ist, hält er dich davon ab, dich mit anderen zu streiten, zu konkurrieren oder zu messen. Denn wieder spüren zu müssen, wie weh es tut, jemandem nicht genügen zu können, ist schmerzhafter, als sich selbst diesen Schmerz geistig zuzuführen, indem man es sich selbst sagt. Dies glaubt jedenfalls unser Unterbewusstsein.

Oder was würdest du tun, wenn man dir sagen würde: «Entweder lässt du dich nun von deinem Gegenüber ohrfeigen oder du ohrfeigst dich selbst.» Die meisten würden sich selbst ohrfeigen, weil sie auf diese Weise wenigstens die Kontrolle über die Situation hätten und nicht wieder von außen erfahren müssten, verletzt zu werden. Außerdem glauben wir, dass wir das Ausmaß der Verletzungen durch ein unbekanntes Gegenüber nicht einschätzen können.

Dies ist auch der Grund, weshalb viele Kinder sich selbst Hausarrest geben, noch bevor es die Eltern tun. So hoffen sie, selbst den Schmerz kontrollieren zu können und dass die Enttäuschung durch die Verletzung von außen nicht so stark ist.

Dies ist der Grund, weshalb viele Menschen sich selbst geistig ohrfeigen, indem sie sich sagen, sie genügten nicht. Dies sind Glaubenssätze. Glaubenssätze sollen uns also davor bewahren, wieder im Außen verletzt zu werden, uns vielleicht wieder in risikoreiche Situationen zu begeben, sodass sich eine bereits erlebte Verletzung wiederholen könnte.

Doch wenn wir endlich einsehen würden, dass diese Glaubenssätze Warnmechanismen sind, die uns leider auch warnen, wenn es unnötig ist, so könnten wir gänzlich auf sie verzichten.

Diese Warnmechanismen sind wie eine Autoalarmanlage, die sich aktiviert, weil es plötzlich laut wird. Oder wie ein Bewegungsmelder vor der Tür, der sich auch dann aktiviert, wenn ein Nachtfalter vorbeifliegt oder eine Katze durch den Garten läuft. Nicht jedes Mal ist es gleich ein Einbrecher.

Das Schöne ist, dass wir diesen Bewegungsmelder umprogrammieren können. Wir können unsere Glaubenssätze umschreiben. Sozusagen überschreiben.

Doch dazu muss uns das überhaupt erst mal jemand sagen. Dieser Jemand bin nun sehr gerne ich.

Und wie überschreibt man Glaubenssätze? Lass es uns gemeinsam angehen, in fünf Schritten. Bist du bereit dazu?

Dann beginnen wir mit Schritt 1:
Mach dir deinen dich aktuell störenden Glaubenssatz bewusst und schreib ihn auf:

Aktuell störender Glaubenssatz:

Allein diese Erkenntnis ist schon mal sehr wichtig. Viele Menschen wissen noch nicht einmal, welches der Glaubenssatz ist, von dem sie sich immer wieder entmutigen oder traurig machen lassen.

Wenn du nicht weißt, welches dein dich störender Glaubenssatz sein könnte, so stell dir mal folgende Fragen: In welchen Momenten geht es mir nicht gut? Was denke/glaube ich in diesen Momenten über mich/von mir selbst?

Schritt 2:
Erlaube dir, diesen Glaubenssatz komplett umzudrehen. Spiel «Verkehrte Welt» und drehe den Glaubenssatz einfach in sein Gegenteil um. Ein Beispiel hierfür wäre: «Ich bin zu blöd für diese Welt.» Daraus wird ein neuer Satz: «Ich bin zu intelligent für diese Welt!»

Umgeschriebener Glaubenssatz:

Herzlichen Glückwunsch schon mal dazu!

Und nun kommt Schritt 3:
Erinnere dich an Momente aus deiner Vergangenheit, in denen dieser Glaubenssatz zutreffend war. Egal wie klein oder groß dieser Moment war. Und auch, wenn du bloß einen einzigen Moment aus deiner Kindheit oder Jugend

oder aus deinem Erwachsenenalter findest – finde diesen Moment oder diese Momente. Und notiere dir mindestens einen solchen Moment. Vielleicht findest du aber auch mehrere Momente.

Wenn du keinen Moment findest, so schließe deine Augen, formuliere diesen Glaubenssatz immer wieder für dich selbst und lass dein Unterbewusstsein Momente für dich finden, in denen dieser Glaubenssatz zugetroffen hat. Nimm dir die Zeit, die du dafür brauchst.

Vergangene Momente, in denen dieser (neue) positive Glaubenssatz zutraf:
Vergangener Moment 1:
Vergangener Moment 2:
Vergangener Moment 3:
Vergangener Moment 4:
Vergangener Moment 5:

Herzlichen Glückwunsch! Du hast dir selbst soeben bewiesen, dass dein vermeintlich «neuer» Glaubenssatz schon mal in deiner Vergangenheit zutraf, er also eigentlich genauso eine Existenzberechtigung hat wie der Glaubenssatz, den du bisher hattest.

Schritt 4:
Die Kunst besteht nun darin, dass du dir diesen Glaubenssatz überall aufschreibst. Überall, wo du es so tun kannst, dass es sich für dich stimmig anfühlt. So beispielsweise auf ein Stück Papier, das du auf deinen Nachttisch legst. Oder du heftest den Glaubenssatz mit einem Magneten an die Kühlschranktür. Oder du schreibst dir den Glaubenssatz mit einem Lippenstift oder einem Filzstift auf deinen Badezimmerspiegel. Wichtig ist, dass du diesen Glaubenssatz immer wieder liest. Und dein Unterbewusstsein dann nach und nach beginnt, ihn zu glauben, weil du ihn ja auch voller Inbrunst glauben willst!

Schritt 5:
Und eine weitere, sehr wichtige Technik ist es, diesen Glaubenssatz proaktiv in deine verbale Kommunikation zu integrieren. Das heißt, dass du den Glaubenssatz auch in Gesprächen verwendest. So beispielsweise in beruflichen Gesprächen, wenn du zu einer Arbeitskameradin, die sich wieder mal über das unbedachte Verhalten eines Kunden ärgert, in heiterem Ton sagst: «Ach, weißt du, langsam glaube ich wirklich, ich bin einfach zu intelligent für diese Welt.»

Oder wenn du im privaten Alltag, zum Beispiel während du mit jemandem im Fernsehen eine Quizsendung schaust und du die Antwort auf eine der Fragen offensichtlich wusstest, du extra – vielleicht auch wieder etwas heiter – sagst: «Ach, ich bin einfach zu intelligent für diese Welt.»

Und selbst dann, wenn du diesen Glaubenssatz noch nicht ganz glaubst, wenn du ihn die ersten Male aussprichst, beginnst du ihn trotzdem allmählich zu glauben, weil du ihn glauben *willst*. Und der Wille ist hier absolut entscheidend! Was du tief in deinem Unterbewusstsein nicht glauben willst, wirst du auch nicht glauben.

Oftmals können dann auch die Reaktionen der Außenwelt deinem Unterbewusstsein sehr guttun. So beispielsweise, wenn diese dich in deiner Aussage bestärken. Auch wenn die Stimmung dabei vielleicht etwas heiter ist, so würde es dennoch deinem Unterbewusstsein helfen, weil der Informationswert der Aussage deinem Unterbewusstsein guttut.

Mach also dich selbst zu deiner besten Ressource!
Formatiere deine Glaubenssätze um!

Du bist wirklich so genial!

Herzlichen Glückwunsch

An dieser Stelle möchte ich dir herzlich gratulieren.

Ich möchte dir dafür gratulieren, dass du mein Buch zu Ende gelesen hast.

Es ist der Beweis dafür, dass es dir wirklich wichtig ist, mit deinem Geist zu arbeiten und dein inneres Selbstwertgefühl wieder so zu steigern, dass es wieder das Ausmaß hat, über das es verfügte, als du ganz klein warst. Denn ich kenne kein Kind, das von sich selbst behauptet, es sei nicht gut, so wie es tatsächlich ist – es sei denn, es wurde nicht schon von der Außenwelt geprägt.

Denn wir alle kommen mit Selbstliebe zur Welt. Und auch wenn du vielleicht etwas danach suchen musst, so möchte ich doch, dass du mithilfe meines Buches diesen Selbstwert wiederfindest.

Ich habe mich bewusst dafür entschieden, dieses Buch in gebündelten Erkenntnissen zu schreiben. Das bedeutet, dass es sehr dicht geschrieben ist. In wenigen Sätzen sind also sehr viele Erkenntnisse gespeichert. Deshalb kannst du das Buch gerne noch einmal lesen.

Wenn du dich nun selbst befragst, wie wertvoll du dich fühlst: Welche Zahl würde dann am ehesten auf deinen jetzigen Zustand zutreffen – jetzt, nachdem du das Buch gelesen hast?

Wie wertvoll fühlst du dich jetzt, nachdem du das Buch gelesen und die Übungen angewendet hast?									
1	2	3	4	5	6	7	8	9	10
Nicht wertvoll									*Sehr wertvoll!*

Und sei stolz darauf, dass du dich allein schon bloß mit diesem Thema so sehr auseinandersetzt. Denn wer den Wert in sich sucht, ist tendenziell auch dazu bereit, den Wert in anderen Menschen zu suchen und der Welt dabei behilflich zu sein, sich wertvoller zu fühlen.

Erlaube dir also ganz ungeniert, das Buch nochmals zu lesen. Denn beim zweiten Mal findest du womöglich noch ganz andere und neue Erkenntnisse. Das Buch soll zu einer Art Begleiter für dich werden dürfen. Schlage es auf, immer wenn du es brauchst. Finde die Erkenntnisse, die mehr Klarheit in dein Leben bringen. Und verstehe und erkenne so auch viel mehr in den Beziehungen im Außen.

Es freut mich sehr, dass du auf Goldsuche gehst in dir.

Mach weiter so – du Kunstwerk!

Von Herzen nur das Allerbeste,

Gabriel Palacios

Dein richtiger Weg?

Um dich wertvoll zu fühlen, solltest du dir immer wieder auch die Frage stellen, ob das, was du tust, dich darin unterstützt, dich wertvoll zu fühlen. Sodass du deine Situationen für dich stimmig so optimieren kannst, dass sie dich auch in deinem Selbstwertgefühl bekräftigen.

Ich erlebe extrem oft in meinen Ausbildungsklassen an meinem Institut, dass diese Frage von zentraler Bedeutung ist.

Als Mentor und Ausbilder habe ich in den vergangenen rund zehn Jahren über 2'000 Therapeutinnen und Therapeuten ausgebildet. Darunter viele Dipl. Zert. Hypnosetherapeut/innen, international anerkannt, sowie auch Dipl. Gesprächstherapeut/innen nach der Methode Invaluation®.

In diesen Ausbildungen erlebe ich so oft, wie meine Schülerinnen und Schüler mitunter zu ihrem wahrhaften Wert finden. Wie sie einen enorm schönen Wandel durchmachen – ganz von selbst. Und wie glücklich sie sind, dass sie nun als qualifizierte Hypnosetherapeut/innen oder Gesprächscoaches andere Menschen in Hinblick auf die unterschiedlichsten Themen begleiten können.

Wenn auch du der Meinung bist, dass du gerne mehr über diese Ausbildung erfahren möchtest, so möchte ich dir als Zeichen der Wertschätzung – allein schon nur, weil du das Buch zu Ende gelesen hast – ein besonderes Angebot machen: nämlich die Möglichkeit, einen kostenlosen Testzugang für 24 Stunden zu meinen Ausbildungen zu erhalten. Der Zugang ist komplett kostenfrei, und nach 24 Stunden wird der Testzugang einfach wieder vom System deaktiviert.

Hier findest du die Testzugänge:

	Arbeit mit dem Unterbewusstsein **zert. Hypnosecoach**
	Arbeit mit dem Bewusstsein **zert. Gesprächscoach** **nach der Methode Invaluation®**

	Arbeit mit dem Überbewusstsein **zert. Coach für Geistige Entwicklung**

Diese Ausbildungen gibt es nämlich sowohl in Präsenzform als auch im Fernstudium – samt Abschluss-Präsenztagen, an denen der Inhalt praktisch trainiert wird.

Und weil ich es einfach so schön finde, dass dein Interesse an dieser Thematik so groß ist und du offenbar eine hohe Affinität dazu hast, würde ich dir gern, solltest du eine der Ausbildungen buchen, ein Geschenk im Wert von über € 1'000.- machen. Es ist ein Onlinekurs-Bundle, mit insgesamt über einem Dutzend Onlinekursen von und mit mir in diesem hohen Gesamtwert (Themen: Gewichtsreduktion, Raucherentwöhnung, Präsentationsangst etc.). In diesem Fall müsstest du einfach im Zusammenhang mit der Buchung deiner Ausbildung die Codewort-Kombination *«Ich bin mehr als nur gut genug!»* schreiben. Wenn du diese Codewort-Kombination schreibst, wissen wir, dass du das Buch zu Ende gelesen hast, und schalten dir sofort dieses wertvolle Onlinekurs-Bundle frei!

Doch du wirst bestimmt deinen Weg für dich so gehen, wie er sich für dich richtig anfühlt.

Denn was ich dir wünsche ist, dass du einfach das tun kannst, was dich in deinem Selbstwert-Bewusstsein unterstützt. Deinen eigenen, sich so richtig, richtig anfühlenden Weg!

Dass du mal etwas nur für dich tun kannst – egal, was es ist!

Gehe deinen Weg!
Du bist wertvoll!
Du bist ein Kunstwerk, das es nur ein einziges Mal in diesem Universum gibt!

Herzlichst,

Gabriel Palacios

Kontakt

Hier findest du einige Kontaktmöglichkeiten:

Institut Palacios Relations GmbH
Rosenweg 25 B–C, CH–3007 Bern
Tel. +41 (0) 31 371 54 02 von Di–Sa, 09:00–18:00
info@palacios-relations.ch
www.palacios-relations.ch

Palacios Academy (Fernstudium-Academy)
www.palacios.academy

Institut für Geistige Entwicklung GmbH
Rosenweg 25 B–C, CH–3007 Bern
Tel. +41 (0) 31 371 54 02 von Di–Sa, 09:00–18:00
info@geistige-entwicklung.com
www.geistige-entwicklung.com

Palacios Communications GmbH
Rosenweg 25 B–C, CH–3007 Bern
Tel. +41 (0) 31 371 54 02 von Di–Sa, 09:00–18:00
info@palacios-communications.ch
www.palacios-communications.ch

Cameo Verlag GmbH
Rosenweg 25 B–C, CH–3007 Bern
Tel. +41 (0) 31 371 54 02 von Di–Sa, 09:00–18:00
info@cameo-verlag.ch
www.cameo-verlag.ch

Brands:

Hypnose Palacios	www.hypnose-palacios.com
Angstfrei Kongress	www.angstfrei-kongress.ch
Invaluation®	www.invaluation.com